상상 너머의 상상을 보여주는
시각효과전문가

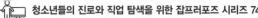

상상 너머의 상상을 보여주는 ————

시각효과전문가

권다영 지음

VISUAL EFFECTS

> "
> Let them swim in the deepest ocean or
> glid over the highest cloud.
> 바닷속을 맘껏 헤엄치고 구름 위를 날게 놔둬요.
> "
>
> **- 영화 〈해리 포터〉 중에서**

창의력과 상상력에 제한을 두지 말고 마음껏 펼쳐보세요. 세상에는 아직 우리가 알지 못하는 무궁무진한 가능성이 숨겨져 있습니다. 여러분의 마음속에 떠오르는 모든 생각을 자유롭게 표현하세요. 바닷속 깊이 잠수하든, 하늘 높이 날아오르든, 새로운 세상을 탐험하는 과정 자체가 소중한 경험입니다. 때로는 실수하거나 길을 잃을 수도 있습니다. 하지만 그것은 실패가 아니라, 더 큰 성장을 위한 발판입니다. 중요한 것은 끊임없이 도전하고, 포기하지 않는 것입니다. 여러분의 기발한 아이디어가 때로는 이상하게 느껴질 수도 있지만, 그 아이디어가 세상을 바꿀 열쇠가 될 수 있습니다. 두려워하지 말고, 어떤 생각이든 자유롭게 펼쳐보세요.

" No sweet without sweat. "

노력 없이는 달콤한 결실을 맛볼 수 없습니다. 여러분이 원하는 목표를 이루기 위해서는 땀 흘려 노력해야 합니다. 때로는 힘들고 지칠 때가 있겠지만, 그 과정에서 우리는 더욱 성장하고 목표에 한 발짝 더 다가설 수 있습니다. 쉽게 얻은 성공은 오래가지 못하지만, 땀과 노력으로 이룬 성취는 더욱 값지고 기억에 남습니다. 여러분의 작은 노력이 모여 큰 결실을 맺을 것입니다. 지금 당장은 힘들더라도 포기하지 말고, 끝까지 최선을 다해보세요. 분명히 여러분의 노력은 값진 결과로 이어질 것입니다.

C·O·N·T·E·N·T·S

시각효과전문가가 되면 ⋯ 127

안녕하세요. 시각효과전문가 권다영입니다. 상상을 영상으로 만들고 싶다면, 이 책이 여러분의 꿈을 현실로 만들어 줄 것입니다. 여러분께 이 내용을 전할 수 있어서 매우 설레고 기쁩니다.

시각효과는 영화, TV, 게임 등 다양한 매체에서 환상적이고 현실감 넘치는 장면을 만들어내는 기술입니다. 우리가 즐기는 영화와 드라마의 화려한 장면들은 대부분 시각효과전문가의 손에서 탄생합니다. 상상 속의 세계와 괴물, 로봇 등은 시각효과 기술을 통해 현실로 구현됩니다. 이처럼 시각효과는 상상력을 현실로 바꾸는 마법 같은 작업입니다.

이 분야에 관심이 있다면, 무엇보다 중요한 것은 끊임없는 학습과 도전하는 자세입니다. 시각효과는 기술과 예술이 융합된 분야로, 창의적인 아이디어와 기술력이 모두 필요합니다. 최신 소프트웨어와 기술을 꾸준히 익히고, 새로운 트렌드를 따라가는 노력이 중요합니다. 또한, 팀워크와 협업 능력은 필수적입니다. 하나의 프로젝트를 성공적으로 완성하기 위해서는 다양한 전문가들의 협력이 필요하며, 서로의 의견을 존중하고 소통하는 자세가 중요합니다.

시각효과전문가의 삶은 절대 쉽지 않지만, 그만큼 큰 보람을 느낄 수 있습니다. 자신의 작업이 스크린에 구현되어 많은 사람에게 감동과 즐거움을 준다는 것은 이루 말할 수 없는 기쁨입니다. 여러분도 이러한 보람을 느끼고 싶다면, 지금부터 시각효과에 대한 열정을 키우고 준비해 나가세요.

미래의 시각효과전문가로서 여러분은 무한한 가능성을 펼쳐

나갈 수 있습니다. 자신만의 독창적인 스타일과 기술을 개발하고, 멋진 작품을 만들어낼 수 있을 뿐만 아니라, 세계적인 프로젝트에 참여하여 글로벌 무대에서 활약하는 꿈을 이룰 수도 있습니다. 끊임없는 노력과 도전을 통해 여러분도 언젠가 멋진 시각효과전문가로 성장할 수 있을 것입니다.

제가 생각하는 시각효과는 현실을 뛰어넘어 상상을 마음껏 펼칠 수 있는 또 하나의 공간입니다. 여러분은 혹시 가장 좋아하는 영화나 드라마가 있나요? 저는 영화 〈월터의 상상은 현실이 된다〉를 좋아합니다. 특히, "세상을 바라보고, 위험을 무릅쓰고, 벽을 허물고 더 가까이 다가가, 서로를 알아가고 느끼는 것. 그것이 인생의 목적이다."라는 대사가 기억에 남습니다. 이는 세상을 피하지 않고 적극적으로 마주하며, 새로운 도전을 두려워하지 않는 자세를 강조합니다. 시각효과 분야에서도 마찬가지로, 끊임없이 배우고 성장하며, 새로운 기술에 대한 도전을 즐기는 자세가 필요합니다.

마지막으로, 상상력과 창의력을 마음껏 펼칠 수 있는 시각효과의 세계에 오신 것을 환영합니다. 여러분의 꿈이 현실이 되는 그날을 기대하며, 이 책이 여러분의 여정에 작은 디딤돌이 되기를 바랍니다. 여러분의 꿈을 응원합니다. 감사합니다.

첫인사

 토크쇼 편집자

 시각효과전문가 권다영

편 권다영 감독님, 안녕하세요. 대표님께서 여러 작품을 진행하시느라 바쁘시다는 느낌을 많이 받았습니다. 바쁜 일정 속에서도 청소년을 위한 잡프러포즈 시리즈 출간을 수락해 주셔서 감사합니다. 이 책을 출간하겠다고 마음먹은 이유를 여쭤보고 싶습니다.

권 안녕하세요. 시각효과전문가이자 (주)비터스윗앤컴퍼니 대표, 권다영입니다. 이렇게 여러분과 함께 시각효과의 흥미로운 세계를 탐험하게 되어 매우 기쁩니다. 시각효과는 영화, 애니메이션, 게임, 광고 등 우리 일상 속 다양한 분야에서 활용되며, 상상 속 세상을 현실로 만들어내는 마법 같은 작업입니다. 때로는 어렵고 힘든 도전이지만, 그만큼 큰 보람과 성취감을 느낄 수 있습니다. 저 또한 시각효과를 통해 많은 것을 배우고 성장했으며, 여러분도 이 책을 통해 흥미로운 경험을 하시길 바랍니다.

편 시각효과의 세계는 끝없이 확장되는 것 같습니다. SF 영화 속 장면들이 실제 현실보다 더 생생하게 느껴질 때가 많죠. 인간의 상상력을 화면 위에 구현하여 현실처럼 만들려는 시도가 끊임없이 이어지는 이유는 무엇일까요?

권 첫째로, 컴퓨터 그래픽, 시각효과, 인공지능 등 기술의 눈부신 발전이 시각효과 산업을 혁신적으로 변화시켰습니다. 이제 우리는 상상 속 이미지를 현실보다 더 생생하게 구현할 수 있게 되었죠. SF 영화에서 미래 도시나 우주, 미지의 생명체를 마치 실제 존재하는 듯 사실적으로 표현하는 것이 가능해진 것도 이러한 기술 발전 덕분입니다. 고급 소프트웨어와 강력한 하드웨어의 도움으로 창의적인 상상력을 바탕으로 한 가상 세계를 생생하게 구현하는 것이 가능해진 것입니다.

둘째로, 관객들의 높아진 눈높이가 시각효과 산업의 발전을 이끌고 있습니다. 디지털 환경에 익숙한 현대 관객들은 더욱 정교하고 몰입감 넘치는 시각적 경험을 기대합니다. 단순한 스토리텔링이나 평범한 시각효과로는 더 이상 관객들을 사로잡기 어렵기 때문에, 영화 제작자들은 끊임없이 새로운 기술과 창의적인 기법을 도입하여 관객들의 기대를 충족시키려 노력하고 있습니다.

셋째로, 실감 나는 시각효과는 관객들을 이야기 속으로 깊이 끌어들여 몰입도를 높이는 데 결정적인 역할을 합니다. 현실과 구분하기 어려울 정도로 생생하게 구현된 가상의 세계는 관객들에게 잊지 못할 경험을 선사합니다. 영화, 게임, 가상현실 등 다양한 분야에서 양질의 시각효과는 더욱 강렬하고 감동적인 스토리텔링을 가능하게 하며, 관객들에게 깊은 감동과 여운을 선사합니다.

넷째로, 기술의 발전은 창작자들의 상상력에 날개를 달아주었습니다. 과거에는 기술적인 한계로 인해 표현하고 싶은 모든 아이디어를 구현하기 어려웠지만, 이제는 상상 속 모든 것을 생생하게 화면에 담아낼 수 있게 되었습니다. 창작자들은 더 이상 현실의 제약에 얽매이지 않고, 자유로운 상상력을 마음껏 펼쳐 다양하고 독창적인 이야기를 만들어낼 수 있게 되었습니다. 영화, 게임, 애니메이션 등 모든 영역에서 창의적인 시도들이 끊임없이 이어지고 있으며, 관객들에게 새로운 감동과 경험을 선사하고 있습니다.

편 상상을 화면에 구현하는 작업은 기술과 예술이 긴밀하게 융합된 고난도의 작업일 것 같습니다. 한 사람이 기술적인 전문성과 예술적인 감각을 동시에 갖추는 것이 가능할까요?

권 CG는 Computer Graphics의 약자로, 컴퓨터를 이용하여 시각적인 이미지를 생성하고 조작하는 기술을 의미합니다. 흔히 시각효과라고 불리는데, 영화, 드라마, 게임, 광고 등 다양한 영상 콘텐츠에서 실제 촬영이 어렵거나 불가능한 장면을 만들어내는 데 활용됩니다. 예를 들어, SF 영화에서 우주선이 대규모로 충돌하는 장면이나 미지의 생명체와의 상호작용 같은 장면은 실제로 촬영할 수 없기 때문에 시각효과를 통해 상상력을 현실로 구현하는 것이죠.

시각효과는 기술과 예술이 결합한 분야로, 창의력과 기술력이 모두 요구됩니다. 최신 소프트웨어와 기술을 끊임없이 습득하고, 변화하는 트렌드에 발맞춰 새로운 해결책을 찾아야 하죠. 단순히 시각적으로 화려한 영상을 만드는 것을 넘어, 실제 촬영된 영상과 완벽하게 조화를 이루도록 섬세한 작업이 필요합니다. 따라서 디자이너, 애니메이터, 감독 등 다양한 분야의 전문가들이 협력하여 하나의 장면을 완성해 나가는 과정은 큰 보람을 안겨줍니다.

시각효과 작업은 프리비주얼 기획부터 3D 모델링, 텍스처링, 라이팅, 애니메이션, 합성까지 수많은 단계를 거치는 정교한 작업 과정입니다. 카메라 움직임과 장면 구성을 미리 시뮬레이션하고, 3차원 모델을 제작하여 질감과 빛을 입히고 생동감 넘치는 움직임을 부여합니다. 이 모든 과정은 픽셀 단위의 정밀한 작업을 요구하며, 짧은 장면 하나를 완성하기 위해 수개월이 소요되기도 합니다. 최종적으로 완성된 시각효과는 현실과 가상의 경계를 허물고 관객들에게 몰입감 넘치는 시각적 경험을 선사하며, 영화나 게임의 서사에 풍부함을 더합니다.

시각효과는 단순히 눈을 즐겁게 하는 시각적 효과를 넘어,

감동과 공감을 불러일으키는 강력한 스토리텔링 도구입니다. 기술적인 완성도는 물론, 이야기에 깊이 스며든 감정을 시각적으로 표현하는 능력이 더욱 중요하게 요구됩니다. 시각효과 전문가들은 끊임없는 창의적인 탐구와 기술 개발을 통해 관객의 마음을 사로잡는 시각적 경험을 선사합니다. 이는 단순한 기술 작업을 넘어, 예술과 기술이 완벽하게 조화된 창조적인 활동이라 할 수 있습니다.

편 이 책을 읽는 청소년이 어떤 부분에 더욱 초점을 맞추면 좋을까요?

권 컴퓨터 그래픽 분야는 끊임없이 진화하며, 새로운 기술과 창의적인 아이디어를 요구하는 역동적인 분야입니다. 이 책은 시각효과의 기초부터 전문가로 성장하는 과정까지, 실제 작업 현장에서 얻은 경험을 바탕으로 폭넓게 다루려고 합니다. 마치 직접 체험하듯 책을 읽으며 시각효과의 매력에 빠져보고, 미래의 시각효과전문가로서 꿈을 키워나가길 바랍니다.

편 전문 용어가 많아서 처음에는 어렵게 느껴질 것 같습니다. 하지만 좋아하는 영화들을 보면서 궁금한 점이 너무 많아 벌써 기대됩니다. 감독님, 잘 부탁드립니다.

권 여러분의 꿈을 응원합니다. 저도 여러분과 함께하게 되어 기쁩니다. 최선을 다해보겠습니다. 잘 부탁드립니다.

시각효과란

시각효과란 무엇인가요?

[편] 시각효과란 무엇인가요?

[권] 시각효과VFX, Visual Effects는 영화, 드라마, 게임 등에서 컴퓨터를 활용하여 실제로 존재하지 않는 것을 만들어내는 기술입니다. 즉, 촬영이 불가능한 장면이나 존재하지 않는 사물을 현실처럼 보이게 만드는 것이죠. 예를 들어, 하늘을 나는 슈퍼히어로나 거대한 괴물을 CG로 만들어 영화에 생생하게 구현할 수 있습니다.

시각효과는 다양한 상황에서 사용되는데요, 판타지나 공상과학 영화에서 자주 볼 수 있습니다. 우리가 일상에서 상상하기 힘든 장면들을 생생하게 구현하기 위해 시각효과가 필수적이죠. 예를 들어, 〈어벤져스〉에서 슈퍼히어로들이 거대한 외계인과 싸우는 장면이나, 〈스타워즈〉에서 우주선이 광활한 우주를 가르는 장면은 모두 시각효과의 힘으로 만들어졌습니다.

시각효과는 자연재해를 사실적으로 표현하는 데에도 사용됩니다. 지진, 해일, 화산 폭발 등 대규모 자연재해를 실제로 표현할 때 실제로 촬영하는 것은 불가능하기 때문에, VFX를 통해 현실감 넘치는 재난 장면을 만들어낼 수 있습니다. 영화 〈2012〉에서 전 세계가 파괴되는 장면은 모두 시각효과로 만들어진 것입니다.

시각효과는 시간 여행을 다룬 영화에서도 많이 사용됩니다. 〈백 투 더 퓨처〉처럼 과거로 돌아가거나 미래를 미리 보여주는 장면은 모두 VFX의 힘으로 가능해졌습니다. 또한, 〈타이타닉〉처럼 역사적인 사건을 다룬 영화에서도 VFX는 실제로 일어나지 않은 장면을 사실적으로 재현하는 데 활용됩니다.

영화에서 위험한 장면을 연출할 때도 배우와 스태프의 안전을 위해 VFX가 활용됩니다. 폭발이나 총격전 장면은 실제로 촬영하기 어렵거나 위험하기 때문에, VFX를 통해 안전하게 촬영하고 더욱 박진감 넘치는 장면을 만들 수 있습니다. 〈매드 맥스: 분노의 도로〉의 격렬한 자동차 추격 장면은 VFX를 통해 스펙터클하게 구현되었습니다.

그럼, 시각효과는 어떻게 만들어질까요? 가장 먼저 시각효과 감독과 영화감독이 함께 모여 꼼꼼한 기획 과정을 거칩니다. 어떤 장면에 시각효과가 필요하며, 어떤 방식으로 구현할지에 대한 구체적인 계획을 세우는 것이죠. 이 과정에서 그림이나 사진 등을 활용하여 시각적인 콘티를 제작하며, 원하는 장면을 미리 시각화합니다.

다음 단계는 실제 촬영입니다. 이때, 그린 스크린(혹은 블루 스크린)이라는 특수 배경을 활용하는 경우가 많습니다. 그린 스크린은 녹색 또는 파란색의 단색 배경으로 촬영 후 컴퓨터 작업을 통해 다른 배경으로 교체됩니다. 배우는 그린 스크린 앞에서 연기하며, 마치 다른 공간에 있는 것처럼 보이는 효과를 낼 수 있습니다. 예를 들어 하늘을 나는 장면을 촬영할 때, 배우는 그린 스크린 앞에서 연기하고, 컴퓨터 그래픽으로 하늘을 나는 장면을 합성하여 완성합니다.

촬영이 끝나면 후반 작업이 시작됩니다. VFX 아티스트는 촬영된 영상과 그린 스크린 배경을 바탕으로 컴퓨터를 활용하여 하나하나 장면을 만들어냅니다. 먼저, 3D 모델링 프로그램을 이용하여 사람, 건물, 자동차 등 다양한 3D 모델을 제작합니다. 이후, 제작된 3D 모델에 질감, 색상, 빛의 반사 등을 세밀하게 설정하여 실제와 똑같이 보이도록 만드는 작업을 진행합니다.

물체의 움직임을 사실적으로 표현하는 것은 시각효과 제작에서 매우 중요한 과정입니다. 특히 괴물이 달리거나 하늘을 나는 등 역동적인 장면에서는 자연스러운 움직임을 구현해야 관객들이 몰입할 수 있습니다. VFX 아티스트는 실제 동물들의 움직임을 분석하고, 이를 바탕으로 컴퓨터 시뮬레이션을 통해 자연스러운 움직임을 만들어냅니다.

물체나 환경이 어떻게 빛을 받는지도 매우 중요합니다. 영화 속 장면은 다양한 조명 환경에서 촬영되기 때문에, VFX로 추가되는 요소 역시 실제 촬영 환경과 일관된 조명 효과를 적용해야 자연스러워 보입니다. 예를 들어, 낮에 촬영된 장면에 VFX로 추가된 물체라면, 마치 실제 햇빛을 받는 것처럼 빛의 방향과 강도를 정확하게 설정해야 합니다.

마지막으로, 컴퓨터로 제작된 VFX 장면과 실사 촬영 영상을 합성하는 작업을 통해 최종 결과물을 완성합니다. 이 과정을 통해 가상의 요소와 실제 공간이 자연스럽게 어우러져 마치 하나의 현실처럼 보이도록 합니다.

시각효과는 오늘날 영화와 TV 프로그램에 없어서는 안 될 중요한 요소가 되었습니다. 〈해리 포터〉 시리즈의 화려한 마법 장면, 〈아바타〉의 푸른 외계 행성, 〈반지의 제왕〉의 거대한 전투 장면, 그리고 〈인셉션〉의 뒤집히는 도시 등 우리가 익숙한 많은 영화 속 장면들이 VFX 기술을 통해 탄생했습니다. VFX는 영화에 생동감을 불어넣고, 관객들에게 잊지 못할 경험을 선사합니다.

VFX는 아이들이 좋아하는 애니메이션 제작에도 널리 활용됩니다. 〈토이 스토리〉나 〈겨울왕국〉과 같은 3D 애니메이션 영화들은 VFX 기술을 통해 생동감 넘치는 캐릭터들을 탄생시켰습니다. 이러한 영화들은 아이들에게 상상력을 자극하고, 현

‡ 현장 작업환경

실에서는 불가능한 일들을 가능하게 하여 더욱 즐거운 감상
경험을 선사합니다.

VFX는 게임 산업에서도 빼놓을 수 없는 중요한 역할을 합
니다. 우리가 즐기는 많은 게임은 VFX 기술을 통해 더욱 생동

감 넘치는 게임 경험을 제공합니다. 〈포트나이트〉나 〈마인크 래프트〉와 같은 인기 게임들에서 캐릭터의 움직임, 건물 파괴, 다양한 환경 효과 등은 모두 VFX를 통해 구현됩니다. 특히, 날씨 변화, 폭발, 마법 효과 등은 VFX 기술을 통해 더욱 화려하고 사실적으로 표현되어 게임의 재미를 더합니다.

시각효과는 현대 미디어 콘텐츠의 필수적인 요소로 자리매 김했습니다. 영화, TV 프로그램, 애니메이션, 게임 등 다양한 분야에서 시각효과는 우리의 상상력을 현실로 구현하고, 더욱 풍부하고 생동감 넘치는 콘텐츠를 만들어냅니다.

시각효과는 어디에 사용되나요?

(편) 시각효과는 어디에 사용되나요?

(권) VFX가 활용되는 다양한 분야에 관해 설명해 드리겠습니다.

🎬 영화

VFX는 영화 산업에서 가장 널리 사용되어 현실적으로 구현하기 어려운 장면을 만들어내고, 판타지 요소를 더해 시각적으로 풍성한 경험을 선사합니다. 〈어벤져스〉나 〈해리 포터〉처럼 초능력, 괴물, 마법 등을 다루는 영화에서 VFX의 활약이 두드러집니다.

📺 TV

TV 드라마와 시리즈에서도 VFX는 빠질 수 없는 요소가 되었습니다. 〈환혼 2〉처럼 판타지 드라마는 화려한 배경과 특수효과를 VFX로 구현하여 시청자들에게 몰입감을 선사합니다. 뉴스 방송에서는 그래픽이나 가상 스튜디오를 통해 시각적으로 풍성한 정보를 전달하는 데 VFX가 활용됩니다.

🎮 게임

게임 산업에서 VFX는 없어서는 안 될 필수 요소입니다. 게임 속 캐릭터, 배경, 효과 등 모든 요소가 VFX를 통해 생동감 넘치게 구현되며, 이는 플레이어들에게 몰입감 넘치는 경험을 선사하여 게임의 완성도를 높입니다.

📺 광고

광고에서 VFX는 제품의 매력을 극대화하고 소비자의 시선을 사로잡는 강력한 도구입니다. 상상력을 자극하는 시각효과를 통해 브랜드 메시지를 효과적으로 전달하며, 특히 자동차 광고처럼 제품의 성능을 강조해야 할 때 더욱 빛을 발합니다.

🥽 가상현실 및 증강현실

VFX는 가상현실VR과 증강현실AR 기술의 핵심이라고 할 수 있습니다. VR에서는 현실감 넘치는 3D 환경을 구축하여 사용자에게 몰입감을 선사하고, AR에서는 실제 환경에 가상의 정보를 더하여 새로운 경험을 제공합니다. 게임, 교육, 의료 등 다양한 분야에서 VR과 AR 기술이 활용되면서 VFX의 중요성은 더욱 커지고 있습니다.

🎵 뮤직비디오

　뮤직비디오^{M/V}에서도 VFX는 아티스트의 퍼포먼스를 더욱 돋보이게 하고, 음악의 스토리를 시각적으로 풍성하게 표현하며 시청각적인 즐거움을 더합니다. 이는 음악의 감성을 극대화하고, 시청자들에게 강렬한 인상을 남기는 데 중요한 역할을 합니다.

　이처럼 VFX는 다양한 분야에서 상상력을 현실로 구현하며 시각적 경험을 풍부하게 하는 핵심 기술로 자리매김했습니다. 최신 기술과 창의적인 아이디어의 발전으로 VFX의 가능성은 무궁무진하며, 앞으로 더욱 다양한 분야에서 활용될 것으로 기대됩니다.

시각효과의 역사를 알고 싶어요.

편 시각효과의 역사를 알고 싶어요.

권 국내 VFX 그래픽 산업은 비교적 짧은 역사에도 불구하고 빠른 성장을 이루었습니다. 초기에는 해외 기술에 의존했지만, 지속적인 노력을 통해 자체적인 기술력과 인프라를 구축하며 세계적인 수준으로 발돋움했습니다.

1990년대 중반, 국내 VFX 산업이 본격적으로 시작되었습니다. 초기에는 해외 기술과 인력에 의존했지만, 꾸준한 연구 개발을 통해 자체 기술력을 확보해 나갔습니다. 2000년대 들어, 국내 VFX 산업은 비약적인 성장을 이루며 한국 영화 산업의 발전을 이끌었습니다. 다양한 영화에서 VFX 기술이 활용되면서 국내 VFX 기술 또한 함께 성장하는 시기였습니다.

2010년대 들어, 한국 VFX 기술은 눈부시게 발전하며 정교함과 다양성을 더했습니다. 대형 프로젝트를 성공적으로 수행하며 세계적인 수준에 올라섰고, 국내 영화는 VFX 기술의 정점을 보여준 사례로 평가받았습니다.

최근에는 VR과 AR 기술과의 융합을 통해 VFX의 영역이 더욱 확장되고 있습니다. 국내 VFX 인력들은 할리우드를 비롯한

글로벌 무대에서 활약하며, 세계적인 프로젝트에 적극적으로
참여하고 있습니다.

국내 VFX 산업은 기술력 측면에서 할리우드와 어깨를 나란
히 할 만큼 성장했지만, 예산 부족과 인력 전문성 부족이라는
과제를 안고 있습니다. 이러한 문제를 해결하기 위해서는 정
부와 산업계의 지속적인 지원과 협력이 필요하며, 기술 인력
양성과 처우 개선을 위한 노력이 병행되어야 합니다.

짧은 역사에도 불구하고 비약적인 성장을 이룬 한국 VFX
산업은 앞으로 다양한 분야에서 더욱 활발하게 활용될 것으
로 기대됩니다. 지속적인 기술 개발과 인력 양성을 통해 한국
VFX 산업이 세계적인 경쟁력을 갖추기를 기대합니다.

시각효과는 왜 필요한가요?

📁 시각효과는 왜 필요한가요?

📁 시각효과는 현대 영화, 드라마, 게임, 광고 등 다양한 영상 콘텐츠에 없어서는 안 될 중요한 요소입니다. 그 이유는 다음과 같습니다.

첫째, VFX는 현실적으로 구현하기 어렵거나 위험한 장면들을 안전하게 연출하여 생생하게 표현합니다. 우주 전투, 초자연적인 현상, 판타지 세계, 거대한 폭발 등 상상 속의 장면들을 VFX를 통해 생생하게 구현하여 관객들에게 몰입감을 선사합니다.

둘째, VFX는 상상 속의 세계를 눈앞에 생생하게 펼쳐 보여주는 마법과 같은 기술입니다. 과거에는 글이나 연출로만 표현되던 상상력을 디지털 기술을 통해 시각적으로 구현하며, 창작자들의 무한한 상상력을 현실로 만들어줍니다.

셋째, VFX는 영화나 게임에서 이야기를 더욱 풍부하게 만들어주는 필수적인 요소입니다. 화려한 영상 효과를 넘어, 감정을 전달하고 스토리를 시각적으로 표현하는 데 중요한 역할을 합니다. 예를 들어, 현실적인 배경과 가상의 캐릭터가 조화롭게 어우러진 장면은 관객들에게 깊은 감동을 선사하며 이야기에 더욱 몰입하게 만듭니다.

넷째, VFX는 제작 비용을 절감하는 데 효과적인 수단입니다. 대규모 세트 제작이나 실제 촬영이 필요한 장면을 VFX로 대체하여 제작 기간을 단축하고 비용을 절감할 수 있습니다.

마지막으로, VFX는 현대 관객들의 높아진 눈높이를 충족시키는 필수적인 요소가 되었습니다. 시청자들은 더욱 화려하고 몰입감 넘치는 시각적 경험을 요구하며, 이는 실사 촬영만으로는 한계가 있습니다. VFX는 이러한 요구에 부응하여 현실을 뛰어넘는 놀라운 비주얼을 선사하며, 영화나 게임의 경쟁력을 강화하는 데 중요한 역할을 합니다.

결국, VFX는 창작자들의 상상력을 자극하고 관객들에게 잊지 못할 경험을 선사하는 강력한 도구로서, 현대 미디어 산업에 없어서는 안 될 존재가 되었습니다.

시각효과는 어떻게 이루어져 있나요?

편 시각효과는 어떻게 이루어져 있나요?

권 VFX 작업은 크게 두 가지 측면으로 나누어 설명할 수 있습니다. 첫째는 VFX 소프트웨어를 사용하는 작업자의 역할이고, 둘째는 전체적인 VFX 작업을 총괄하는 슈퍼바이저의 역할입니다.

모델러는 Autodesk Maya나 3ds Max와 같은 3D 모델링 프로그램을 사용하여 캐릭터, 배경, 소품 등 다양한 3D 모델을 제작합니다. 이러한 모델들은 정교한 디테일을 더하여 실제와 같은 사실감을 구현합니다. 텍스처 아티스트는 Substance Painter나 Mari와 같은 프로그램을 활용하여 3D 모델에 질감과 색상을 입혀 더욱 생생하고 현실감 있는 비주얼을 완성합니다.

리거는 Autodesk Maya를 주로 사용하여 3D 모델에 뼈대를 만들고 관절을 연결하여 애니메이션 준비를 합니다.

애니메이터는 Autodesk Maya나 Blender와 같은 프로그램을 사용하여 캐릭터와 오브젝트에 생명을 불어넣습니다. 이 프로그램들은 다양한 도구를 제공하여 정교하고 자연스러운 움직임을 구현할 수 있도록 돕습니다.

FX 아티스트는 Houdini를 활용하여 물, 불, 연기와 같은 다양한 물리 현상을 시뮬레이션하여 사실적인 특수효과를 만들어냅니다.

라이팅 아티스트는 Autodesk Maya나 Houdini를 활용하여 장면에 조명을 설정하고, 이를 통해 분위기와 현실감을 더합니다.

렌더링 아티스트는 Arnold, V-Ray, Redshift, RenderMan 등의 전문 렌더링 소프트웨어를 사용하여 고품질의 최종 이미지를 생성합니다. 이러한 소프트웨어는 조명, 텍스처, 효과 등을 최적화하여 복잡한 3D 장면을 실사처럼 사실적으로 표현하는 데 핵심적인 역할을 합니다. Arnold는 사실적인 조명과 그림자 표현에 강점이 있으며, V-Ray는 건축 시각화 및 제품 디자인 분야에서 널리 사용됩니다. Redshift는 GPU 가속을 통해 빠른 렌더링 속도를 제공하며 RenderMan은 픽사[Pixar]에서 개발한 고급 렌더링 엔진으로 영화 산업에서 널리 사용됩니다.

모션 그래픽 아티스트는 Adobe After Effects를 활용하여 텍스트, 로고, 인포그래픽 등 다양한 그래픽 요소에 생동감 넘치는 움직임을 부여합니다. 이 프로그램은 복잡한 모션 그래픽 작업을 효율적으로 처리하여 시각적으로 매력적인 콘텐츠를 제작합니다.

합성 아티스트는 Nuke나 Adobe After Effects와 같은 프로그램을 활용하여 실사 영상과 CG 요소를 결합하여 하나의 완성된 영상을 만들어냅니다. 이를 통해 현실과 가상의 경계를 자연스럽게 연결하고, 독창적인 시각효과를 구현합니다.

VFX 슈퍼바이저는 영상 작업을 검토하고 관리하기 위해 RV, Autodesk ShotGrid, Premiere Pro, DaVinci Resolve 등의 프로그램을 주로 활용합니다. 이러한 프로그램들은 다양한 영상 포맷을 지원하며, 영상 재생, 주석 기능, 팀 협업 도구 등을 제공하여 효율적인 작업 환경을 구축합니다. 특히, RV는 고해상도 영상 재생에 강점이 있으며, ShotGrid는 프로젝트 관리와 리뷰 과정을 통합하여 팀원 간의 원활한 소통을 돕습니다.

시각효과는 우리 생활과 어떤 관련이 있나요?

편 시각효과는 우리 생활과 어떤 관련이 있나요?

권 교육, 의학, 건축 등 다양한 분야에서도 시각효과가 활발하게 활용되고 있습니다. 교육 분야에서는 역사적 사건이나 과학적 개념을 시각적으로 생생하게 표현하여 학생들의 이해를 돕고, 의학 분야에서는 수술 시뮬레이션이나 해부학적 구조를 시각화하여 의료진의 교육 및 훈련에 기여합니다. 건축 분야에서는 건물의 3D 모델을 제작하여 설계의 정확성을 높이고, 클라이언트에게 더욱 구체적인 시각적 프레젠테이션을 제공하여 의사소통을 원활하게 합니다.

흥미롭게도, 법 집행과 보안 분야에서도 VFX 기술이 활발하게 활용되고 있습니다. 경찰 등 법 집행 기관에서는 영상 분석가들이 VFX 기술을 이용하여 범죄 현장 CCTV 영상 분석, 교통사고 시뮬레이션 등을 통해 사건의 진실을 규명하는데 기여하고 있습니다. 이러한 분석 결과는 범죄 해결의 실마리를 제공하고, 법정에서 객관적인 증거로 활용됩니다. 또한, 용의자 얼굴 복원이나 목격자 진술을 바탕으로 한 범인의 모습 시각화 등을 통해 수사에 필요한 정보를 시각적으로 제공하여 수사 효율성을 높이는데 기여합니다.

시각적 즐거움을 넘어, 이제 시각효과는 우리 일상생활과 다양한 산업 분야에 깊숙이 스며들어 중요한 역할을 하고 있습니다. 시청각 매체의 질을 높이고, 교육, 훈련, 마케팅 등 다양한 분야에서 혁신을 이끌며, 우리의 상상력을 자극하여 더욱 풍부한 시각 경험을 제공합니다.

인공지능 시대, 시각효과는 어떻게 변할까요?

편 인공지능 시대, 시각효과는 어떻게 변할까요?

권 AI와 기술의 발전으로 VFX 분야는 끊임없이 변화하고 있으며, 새로운 직업군이 탄생할 것으로 예상됩니다. AI와 협업하여 효율적인 작업 방식을 연구하는 AI 전문가, 혁신적인 VFX 기술을 개발하는 연구원 등이 대표적인 예입니다. 기존 VFX 작업자들은 이러한 변화에 발맞춰 새로운 기술을 습득하고 적응함으로써 다양한 직무로의 전환 기회를 모색할 수 있을 것입니다.

또한, AI가 반복적이고 시간 소모적인 작업을 대신함으로써, VFX 아티스트는 창의적인 분야에 집중할 수 있게 됩니다. 예를 들어, 더욱 복잡하고 독창적인 시각효과를 설계하거나, 새로운 스타일과 기법을 실험하는 등의 창의적인 활동에 몰두할 수 있습니다. 이는 VFX 아티스트의 창의성을 극대화하고, 더욱 혁신적인 작품을 만들 수 있도록 지원합니다.

클라우드 컴퓨팅과 협업 도구의 발전으로 VFX 작업 환경은 획기적으로 변화하고 있습니다. 이제 VFX 아티스트는 시간과 공간의 제약 없이 어디서든 작업할 수 있게 되었으며, 전 세계에 흩어져 있는 팀원들과 실시간으로 협업하며 프로젝트를 진행할 수 있습니다. 예를 들어, 미국, 한국, 유럽 등 세계 각국의 아티스트들이 동시에 하나의 프로젝트에 참여하여 시너지를 창출할 수 있게 되었습니다.

영화와 게임뿐만 아니라 교육, 의료, 건축, 경찰 등 다양한 산업 분야에서 VFX 기술의 활용 범위가 확대되고 있습니다. 기술 발전 속도가 가속화됨에 따라, VFX 분야 종사자들은 끊임없이 새로운 기술과 도구를 습득해야 하는 상황에 직면해 있습니다. 이는 VFX 아티스트의 지속적인 자기 계발과 학습이 필수적임을 의미합니다. 다양한 온라인 강의와 교육 프로그램을 활용하여 최신 기술 트렌드를 파악하고, 역량을 강화해야 합니다.

VFX 분야는 앞으로도 지속적인 기술 발전과 함께 끊임없이 변화하고 성장할 것입니다. 이러한 변화는 새로운 직업 기회를 창출하고, 작업 환경을 개선하며, 다양한 산업 분야에서 VFX 기술의 활용 가능성을 확대할 것입니다. 기술 발전을 두려워하기보다는, 이를 통해 창의적인 아이디어를 구현하고 흥미로운 프로젝트에 참여할 기회를 얻을 수 있다는 점을 기억하면 좋겠습니다.

시각효과
전문가의 세계

작업의 전체 과정이 궁금해요.

편 작업의 전체 과정이 궁금해요.

권 국내 드라마에서 VFX가 적용되는 과정을 단계별로 살펴볼게요.

1 기획 단계

• 프로젝트 계획 및 예산 산정: 드라마 제작팀은 전체 프로젝트 계획을 수립하고, VFX가 필요한 장면들을 목록화합니다. 이 과정에서 VFX 작업에 드는 예산을 산정하고, 일정을 계획합니다.

• VFX 슈퍼바이저 참여: VFX 슈퍼바이저는 드라마 제작 초기 단계부터 참여하여 감독과 긴밀하게 협력합니다. 주요 VFX 장면에 대한 구체적인 계획을 수립하고, 기술적인 요구 사항을 정의하는 역할을 수행합니다.

2 프리프로덕션 단계

• 스토리보드 제작: 스토리보드 아티스트는 드라마의 주요 장면들을 시각적으로 표현한 스토리보드를 제작합니다. 이를 통해 VFX가 필요한 장면을 명확히 파악하

고, 구체적인 시각효과를 정의합니다.

- 콘셉트 아트 제작: 콘셉트 아티스트는 VFX 장면의 분위기와 시각적인 스타일을 구체화한 콘셉트 아트를 제작합니다. 이는 VFX팀이 작업을 시작하기 전에 참고할 수 있는 중요한 시각적 자료입니다.

3 프로덕션 단계

- 촬영 준비: 촬영에 앞서 VFX팀은 필요한 장비와 환경을 구축합니다. 그린 스크린 설치, 모션 캡처 장비 설치 등이 대표적인 예시입니다.
- 촬영: 드라마의 실제 촬영이 진행됩니다. VFX가 필요한 장면은 그린 스크린 앞에서 배우의 연기를 촬영하거나, 모션 캡처 장비를 활용하여 배우의 움직임을 데이터로 기록합니다. 이 과정에서 VFX 슈퍼바이저는 현장에 상주하며, 촬영된 영상이 후반 작업에 원활하게 활용될 수 있도록 꼼꼼하게 확인하고 조언합니다.

4 포스트프로덕션 단계

- 영상 편집: 촬영된 영상을 바탕으로 스토리보드와 콘셉트 아트에 맞춰 전체적인 영상의 흐름을 구성하는 편집

작업이 진행됩니다. 이때 VFX가 필요한 부분만 선별하여 따로 분리해 냅니다.

- 3D 작업

  모델링 및 텍스처링: 3D 모델러가 필요한 모든 3D 모델을 제작하고, 텍스처 아티스트는 모델에 표면 질감과 색상을 입혀 현실감을 더합니다.

  리깅 및 애니메이션: 리거는 3D 모델에 뼈대와 관절을 설정하여 자연스러운 움직임을 구현할 수 있도록 준비하고, 애니메이터는 캐릭터와 오브젝트에 생동감 넘치는 애니메이션을 부여합니다.

  시뮬레이션: 시뮬레이션 아티스트는 물, 불, 연기처럼 실제 세상에서 일어나는 현상들을 컴퓨터 안에서 생생하게 구현합니다.

  라이팅: 라이팅 아티스트는 장면에 빛을 부여하여 공간의 분위기를 조성하고, 현실감을 높이는 작업을 수행합니다.

  합성: 합성 아티스트는 실사 영상과 CG 요소를 하나의 완성된 이미지로 자연스럽게 결합하는 작업을 통해 최종 결과물을 완성합니다.

5 최종 검토 및 수정

- 검토: VFX 슈퍼바이저와 감독은 완성된 VFX 장면을 면밀히 검토하여 수정이 필요한 부분을 파악하고, 최종

결과물이 드라마의 전체적인 시각 스타일과 조화를 이루는지 확인합니다.
- 수정: 검토 결과를 바탕으로 필요한 수정 작업을 진행하여 최종 결과물을 완성합니다.

6 최종 출력

드라마 제작과정

기획단계 <나의 해리에게>

프리프러덕션 단계 <인사이더>

3부 1씬 징벌방 콘티

첫 상황

-핸디 순위 상황-

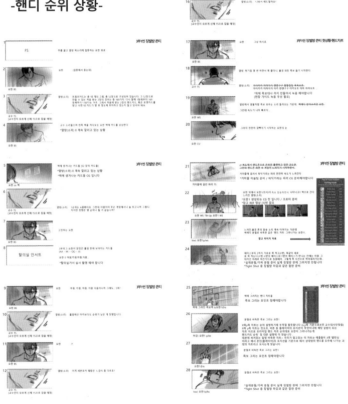

3부 1씬 징벌방 콘티

두번째 상황

-승률계산-

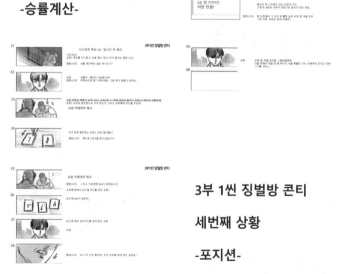

3부 1씬 징벌방 콘티

세번째 상황

-포지션-

프리프러덕션 단계 <인사이더>

나의해리에게

본문 텍스트는 너무 작아 판독이 어렵습니다.

필요한 소스 목록

A B

C d

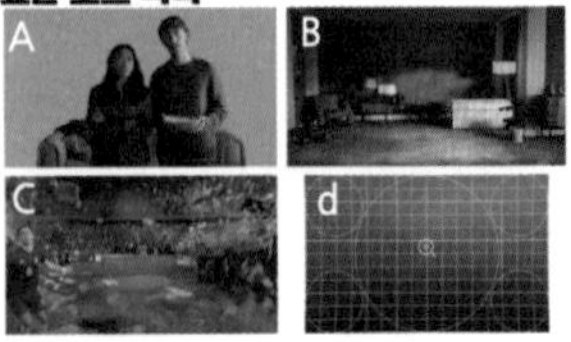

파이프 라인 구조

C: 교체되는 배경 (B가 얹어지면서 나오는 C배경)

평면화상태: 트렌지션 되면서 3D오브젝트가 카메라 앞으로 지나간다

B: 근처 골목 통계장 (현장에서 쓰이는 배경부분)

A: 플레이트 영상, 지온 촬영(화면 트렌지션이 될동안 고정씩으로 만바뀌는 오브젝트)

A

필요한 장비 : 12자 크세논, 트렌디마크, 랜즈디스토션

1. 크세논 배경으로 된 인물을 달리샷 상태로 촬영
2. 사용한 랜즈관련되어 랜즈디스토션선별(촬영 후 예 진행해도 무관)

변형
발하지 나물경우 발부분이 아쳐할 수도 있기 때문에 꽃으로 주변을 메꾸는 방법을 생각해고있습니다.

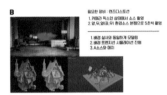

B

필요한 장비 : 랜즈디스토션

1. 카메라 픽스인 상태에서 소스 촬영
2. 앞,뒤,왼,오 환경소스 분해로 5초씩 촬영

1. 배경 살사과 동일하게 모델링
2. 배경 은퍼지션 시뮬레이션 진행
3. A소스와 매지

C

1. 배경과 트렌지션 되면서 은호의 과거의 오브젝트들이 카메라 앞으로 날라간다
오브젝트 3D로 모델링 예정
2. 오브젝트 하나가 지나가면서 다음씬으로 트렌지션

변형될 c소스 촬영 필요

1. 건물 있는 부분은 라무브 후 건물 교체
(주차장 촬영 후 파일[데이터] 받은 뒤 샷에 맞게 건물 촬영 필요)

2. 모빌인 인물(광오(측)이 들어있음) 차 모델링과 건물 트렌킹(하면에 c스탠드를 빌려 최대한 올린 후 형광 트렌킹 매칭 진행

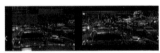

자동차로 팔전재로 띄를 경우
잘보이는 부분은 차로 처문 뒤 잘안보이는 부분은 3d로 제작 진행합니다

• 최종 편집 및 출력: 모든 VFX 작업이 완료되면, 최종 편집 단계를 거쳐 드라마의 전체 영상과 완벽하게 통합합니다. 이후 방송용 포맷으로 변환하여 최종 결과물을 완성합니다.

이러한 과정을 통해 VFX는 드라마의 시각적 완성도를 높여 시청자들에게 더욱 풍성한 볼거리를 제공하고, VFX팀은 협력하여 최고의 결과물을 만들어냅니다.

시각효과 업무는 어떻게 나누어져 있나요?

편 시각효과 업무는 어떻게 나누어져 있나요?

권 제 업무에 대해 말씀드릴게요. 오전 10시쯤 출근하여 주간 회의를 주재하고, 회사 전체 스케줄과 새로 들어온 작품에 대한 정보를 공유하며 업무를 시작합니다. 새로운 작품이 들어오면 대본 회의를 통해 프로덕션팀과 협력하여 콘셉트 아트와 레퍼런스 자료를 수집하고, 감독 및 연출부와 소통하며 VFX 자료를 제작합니다. 또한, 진행 중인 프로젝트들의 현황을 점검하고 향후 계획을 논의하여 각 팀의 업무를 조율하고 있습니다.

회의 후에는 새로 들어갈 작품이 있으면 방송사 또는 제작사와 미팅을 주선하고, 직원들의 작업 지원을 위해 어려운 샷 시연 및 제작을 담당합니다. 각 분야 팀장과 협업하여 제작된 샷을 검토하고, 효율성과 퀄리티 향상 방안을 모색하며, 협업 과정에서 발생하는 문제를 원활하게 해결합니다. 내부 작업이 어느 정도 진행되면 현장에 투입되어, 사전 회의에서 논의된 방향에 따라 감독과 협력하여 촬영을 진행합니다.

VFX 본부는 프리프로덕션 단계에서 슈퍼바이저, PD, PM과 함께 프로젝트 계획 및 준비 작업을 수행합니다. 드라마의 주요 장면을 영상 또는 스토리보드로 시각화하고, 외주 업체와의 협업, 예산 편성, 일정 수립 등을 통해 프로젝트를 구체화합니다. 작업팀은 VFX 요소들을 결합하여 최종 결과물을 제작하며, 이 과정에서 최종 작품의 품질을 높이는 것이 파이프라인의 핵심입니다.

이와 같은 체계적이고 효율적인 업무 진행을 통해 단계별 협력과 조정을 거쳐 최상의 결과물을 창출합니다.

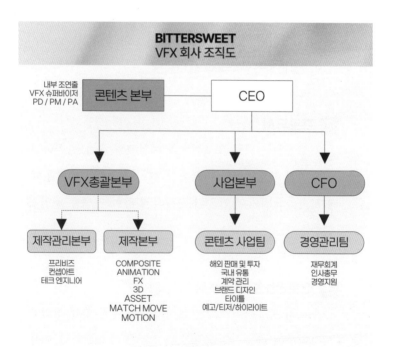

시각효과와 관련된 다양한 직업군을 알려주세요.

[편] 시각효과와 관련된 다양한 직업군을 알려주세요.

[권] 직업별로 나누어서 설명해 드릴게요.

1 VFX 슈퍼바이저 VFX Supervisor

VFX 슈퍼바이저는 프로젝트의 시각효과를 총괄하며, 감독과 협력하여 비전을 구체화하고 기술적인 요구사항을 정의합니다. 팀을 이끌고 작업을 관리하며, 최종 결과물이 기대에 부합하도록 합니다.

2 프로듀서 Producer

프로듀서는 VFX 프로젝트의 예산과 일정을 관리하고, 전체적인 프로젝트를 이끌어갑니다. 프로젝트 계획을 수립하고, 각 팀의 작업을 조율하여 원활한 진행을 책임집니다.

3 스토리보드 아티스트 Storyboard Artist

스토리보드 아티스트는 드라마나 영화의 주요 장면을 시각화하여 VFX 작업에 필요한 정보를 제공합니다. 이를 통해 팀원들이 작업 내용을 정확하게 파악하고 효율적으로 작업할 수 있도록 돕습니다.

4 콘셉트 아티스트 Concept Artist

콘셉트 아티스트는 캐릭터, 배경, 특수효과 등 시각적인 요소들을 디자인하여 VFX 작업의 기초를 다집니다. 이들의 디자인은 VFX팀이 작업 방향을 설정하는 데 중요한 역할을 합니다.

5 모델러 Modeler

모델러는 3D 모델을 제작하여 VFX 작업의 기반을 마련합니다. 캐릭터, 배경, 소품 등을 3D 모델로 구현하여 텍스처 아티스트와 애니메이터가 작업할 수 있도록 3D 모델 데이터를 제공합니다.

6 에셋 아티스트 Asset Artist

텍스처 아티스트는 3D 모델에 생명력을 불어넣는 역할을 합니다. 다양한 재질과 색상을 활용하여 모델의 표면을 꾸미고 현실감을 높여, 시각적으로 매력적인 결과물을 만들어냅니다.

7 **리거** Rigger

리거는 3D 모델에 뼈대와 관절을 연결하여 모델이 자유롭게 움직일 수 있도록 만들고, 애니메이터가 자연스러운 움직임을 만들 수 있도록 기반을 제공합니다.

8 **애니메이터** Animator

애니메이터는 캐릭터와 객체에 생동감을 부여하여 움직임을 제작합니다. 다양한 표현 기법을 활용하여 캐릭터의 감정과 행동을 표현하고, 역동적인 장면을 연출합니다.

9 **FX 아티스트** FX Artist

FX 아티스트는 물리 기반 효과, 예를 들어 물, 불, 연기 등의 시뮬레이션을 생성합니다. 이러한 효과는 장면에 현실감을 더합니다.

10 **라이팅 아티스트** Lighting Artist

라이팅 아티스트는 장면의 조명을 설정하여, 각 요소가 자연스럽고, 일관되게 보이도록 합니다. 조명은 장면의 분위기와 현실감을 높이는 데 중요한 역할을 합니다.

11 렌더링 아티스트 Rendering Artist

렌더링 아티스트는 3D 장면을 최종 이미지로 변환하는 작업을 수행합니다. 이들은 고품질의 렌더링을 위해 조명, 텍스처, 효과 등을 최적화하고 실사와 같은 이미지를 만들어냅니다. 렌더링 소프트웨어와 기술에 대한 깊은 이해가 필요합니다.

12 모션 그래픽 아티스트 Motion Graphics Artist

모션 그래픽 아티스트는 텍스트, 로고, 인포그래픽 등 동적인 그래픽 요소를 제작합니다. 이는 특히 타이틀 시퀀스나 인터페이스 디자인에서 많이 사용됩니다.

13 합성 아티스트 Compositor

합성 아티스트는 다양한 시각적 요소들을 하나의 최종 이미지로 결합합니다. 이 과정에서는 그린 스크린 제거, 색 보정, 디지털 효과 추가 등이 포함됩니다.

14 프로젝트 매니저 Project Manager

프로젝트 매니저는 모든 부서의 작업을 조율하고 일정 관리, 진척 상황 보고, 팀 간의 원활한 소통을 지원합니다.

15 R&D 전문가 R&D Specialist

R&D Research and Development 전문가는 새로운 VFX 기술과 도구를 연구하고 개발합니다. 최신 기술을 VFX 프로젝트에 적용할 방법을 모색하며, 효율성과 품질을 높이는데 기여합니다. R&D팀은 기술 혁신과 문제 해결을 통해 VFX 작업의 전반적인 수준을 향상합니다.

16 영상 분석가 Video Analyst

영상 분석가는 경찰이나 법 집행 기관에서 영상 자료를 분석하여 사건 해결에 기여합니다. CCTV나 범죄 현장 영상을 분석하고, 중요 증거를 추출하며, 사건의 정확한 경위를 파악합니다. VFX 기술을 사용해 영상을 복원하거나 강화하는 작업도 수행합니다.

17 VFX 강사 VFX Instructor

VFX 강사는 교육 기관이나 사설 학원에서 VFX 기술을 가르칩니다. 최신 소프트웨어와 기술을 교육하고, 실무에서 필요한 기술을 습득할 수 있도록 지도합니다.

업무 강도는 어떤가요?

편 업무 강도는 어떤가요?

권 과거 VFX 업계는 업무 강도가 상당히 높았습니다. 마감이 임박하거나 프로젝트가 몰릴 때면 밤낮을 가리지 않고 일해야 하는 경우가 많았죠. 특히 중요한 장면이나 복잡한 작업이 있을 때는 야근이 일상이었습니다. 하지만 최근 들어 업무 환경이 많이 개선되면서 여유로운 시간을 가질 수 있게 되었습니다. 52시간 근무제 도입으로 주말과 연휴에 쉴 수 있는 환경이 조성되었습니다. 이러한 변화는 단지 법적 규제 때문만이 아니라, 직원들의 복지와 워라밸 향상을 위한 회사의 노력이 반영된 결과입니다.

많은 회사가 직원들의 피로도를 줄이고 업무 효율을 높이기 위해 다양한 노력을 기울이고 있습니다. 프로젝트 종료 후 휴가 제공, 피트니스 프로그램 운영, 멘탈 케어 지원 등이 대표적인 예입니다. 이러한 변화 덕분에 직원들은 더욱 건강하고 쾌적한 환경에서 창의성을 발휘하며 업무에 임할 수 있게 되었고, 결과적으로 업무의 질도 향상되었습니다. 물론 VFX 작업은 여전히 높은 집중력을 요구하지만, 과거에 비해 훨씬 나아진 근무 환경 덕분에 직원들의 만족도가 크게 높아졌습니다.

작업에 사용하는 장비와 시설, 프로그램을 알려주세요.

편 작업에 사용하는 장비와 시설, 프로그램을 알려주세요.

권 시각효과 작업에는 다양한 프로그램과 장비가 투입됩니다.

1 장비 Hardware

• 고성능 워크스테이션: VFX 작업에는 고사양 컴퓨터가 필요합니다. 강력한 CPU, GPU(NVIDIA Quadro 또는 RTX 시리즈), 충분한 RAM, 그리고 빠른 SSD 스토리지가 필수적입니다.

• 모니터: 정확한 색 표현과 높은 해상도를 위해 전문가용 모니터가 필수적입니다. 일반적으로 4K 해상도의 IPS 패널 모니터가 많이 사용됩니다.

• 태블릿 및 펜 디스플레이: Wacom Cintiq과 같은 태블릿은 디지털 페인팅과 드로잉 작업에 자주 사용되는 도구입니다.

• 캘리브레이션 도구: 모니터의 색상을 정확하게 유지하기 위해 캘리브레이션 도구를 사용합니다.

• 스토리지 솔루션: 대용량의 데이터를 저장하고 빠르

게 접근하기 위해 NAS ^{Network Attached Storage}와 SAN ^{Storage Area Network}이 사용됩니다.

- 백업 장비: 데이터 손실을 방지하기 위해 정기적인 백업을 위한 장비와 소프트웨어가 필요합니다.

2 시설 Facilities

- 작업실: 조명과 소음이 통제된 환경에서 작업할 수 있는 공간이 필요합니다. 이 공간은 개별 작업실이나 오픈 플랜 작업실로 구성될 수 있습니다.
- 서버 룸: 대규모 렌더링 작업과 파일 저장을 관리하기 위해 고성능 서버가 설치된 공간이 필요합니다.
- 회의실: 팀 회의와 리뷰 세션을 위한 회의실은 대형 모니터, 프로젝터, 화상 회의 시스템을 갖추고 있어야 합니다.
- 캡처 스튜디오: 게임 회사일 경우 모션 캡처를 위한 스튜디오에는 모션 캡처 장비와 조명 시스템이 필요합니다.

3 프로그램 Software

- 모델링 및 텍스처링

Autodesk Maya: 3D 모델링, 애니메이션, 시뮬레이션, 렌더링 등 다목적 3D 그래픽 소프트웨어

Autodesk 3ds Max: 3D 모델링, 애니메이션, 렌더링에 사용되는 소프트웨어

ZBrush: 고해상도 디지털 조각 및 페인팅을 위한 소프트웨어

Substance Painter: 3D 모델에 텍스처와 페인팅을 추가하는 소프트웨어

Mari: 고급 텍스처링 작업을 위한 소프트웨어

- 애니메이션 및 리깅

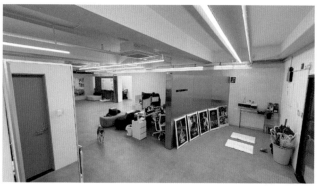

Autodesk Maya: 리깅과 애니메이션 작업을 위한 주요 소프트웨어

Blender: 오픈 소스 3D 모델링, 애니메이션, 렌더링 소프트웨어

- 시뮬레이션

  Houdini: 물리 기반 시뮬레이션을 위한 강력한 소프트웨어

- 라이팅 및 렌더링

  Arnold: 고품질 렌더링 소프트웨어

  V-Ray: 건축 시각화, 제품 디자인에 사용되는 렌더링 소프트웨어

  Redshift: GPU 기반 빠른 렌더링 솔루션

  RenderMan: 픽사에서 개발한 고급 렌더링 소프트웨어

- 합성

  Nuke: 다양한 요소를 결합하고 색 보정을 수행하는 고급 합성 소
  프트웨어

  Adobe After Effects: 모션 그래픽과 합성 작업에 사용되는 소프
  트웨어

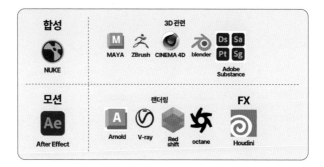

- 편집 및 색 보정

  Adobe Premiere Pro: 비디오 편집 소프트웨어

  DaVinci Resolve: 색 보정과 비디오 편집을 위한 통합 소프트웨어

- 프로젝트 관리

  Autodesk ShotGrid: 프로젝트 관리와 리뷰 과정을 통합하여 팀

  간 소통을 원활하게 하는 도구

- 리뷰 및 피드백

  RV: 고해상도 영상 재생과 주석 추가 기능을 제공하는 소프트웨어

실패한 경험을 들려주세요.

편 실패한 경험을 들려주세요.

권 어린 시절, 저는 '우물 안 개구리'라는 속담의 의미를 몸소 체험했습니다. 어린 나이에 사회생활을 시작하면서 나이 때문에 많은 제약을 받았습니다. 일을 할 때 어리다는 이유로 무시당하는 경험을 자주 했죠. 그러다 보니 세상을 좁게만 보고, 내가 듣고 싶은 말만 듣게 되었습니다. 무언가 잘 풀리지 않을 때면 스스로를 자책하며 예민하게 반응했고, 주변 사람들과의 관계는 점점 소원해졌습니다. 그러면서 영상 작업에만 집중하며 자만심에 빠져 살았습니다.

결국, 할 수 있는 일이 점점 줄어들면서 깊은 슬럼프에 빠져들었습니다. 그러던 중 우연히 서울에서 열리는 미디어아트 전시회에 참가하게 되었고, 나보다 훨씬 뛰어난 친구들을 만나면서 큰 충격을 받았습니다. 그 순간, 지금까지 내가 해왔던 행동들이 얼마나 부질없는 짓이었는지 깨닫고, 우물 안 개구리처럼 좁은 세상에 갇혀 살았다는 것을 절실히 느꼈습니다.

그때 저는 스스로에게 다짐했습니다. '어리다는 이유로 무시당하더라도 실력으로 증명하고, 항상 겸손한 자세를 유지하자.' 이 다짐을 가슴 깊이 새기며 지금까지 실천해 왔습니다.

성공한 경험을 들려주세요.

편 성공한 경험을 들려주세요.

권 아직 '성공'이라는 단어가 저에게 와닿지는 않습니다. 예전에는 저를 알리거나 회사를 소개할 때마다 회사소개서와 이력서를 제출하며, 끊임없이 제 가치를 증명해야 한다는 부담감이 있었습니다. 그러던 어느 날, 〈재벌집 막내아들〉이라는 작품이 저에게 찾아왔습니다.

그 프로젝트는 제 인생의 전환점이 되었습니다. 밤낮없이 작업에 몰두하며 모든 열정과 노력을 쏟아부었고, 팀원들과

함께 마치 한 몸처럼 움직이며 최고의 결과물을 만들어내기 위해 고군분투했습니다. 프로젝트가 끝날 무렵, 우리의 노력은 빛을 발했습니다. 작품의 퀄리티가 높아 많은 이들의 입에 오르내렸고, "CG가 정말 잘됐다."라는 칭찬이 쏟아졌습니다.

그 후로, 더 이상 회사소개서나 이력서를 들고 다니지 않아도 되었습니다. 주변 사람들이 저를 소개할 때 "〈재벌집 막내 아들〉에 참여했던 권다영 대표님"이라고 자연스럽게 말하기 시작했기 때문입니다. 사람들이 저를 기억하고, 저와 회사에 대한 긍정적인 인식을 갖게 되면서 비로소 작은 성과를 이루었다는 것을 실감했습니다. 어느 모임이나 미팅에서 제 이름

상상 너머의 상상을 보여주는
시각효과전문가

이 오르내릴 때마다, 방송 산업에서 일부 사람들이 저를 기억하고 제가 참여한 작품을 언급하는 것을 보면서 말이죠. 아직 완전한 성공이라고 할 수는 없지만, 이 작은 성취들이 모여 더 큰 성공으로 이어질 것이라는 확신을 갖게 되었습니다. 작은 한 걸음 한 걸음이 모여 지금의 제가 되었고, 앞으로도 꾸준히 나아갈 것입니다.

보람을 느끼는 순간은 언제예요?

편 시각효과전문가가 되길 잘했다고 느끼는 순간은 언제예요?

권 시각효과전문가로서 일하면서 가장 뿌듯한 순간은 제가 참여한 드라마나 영화가 방영되고, 작품의 시각효과가 높게 평가받을 때입니다. 온라인 커뮤니티나 리뷰 사이트에서 "CG가 정말 잘 되었다.", "시각효과가 뛰어나서 몰입감이 엄청났다."라는 반응을 볼 때면 큰 보람을 느낍니다. 그동안 쏟아부은 시간과 노력이 헛되지 않았다는 생각에 뿌듯하고, 시청자들이 우리가 만든 장면을 보고 즐거워하고 감동하는 모습을 보면 이 직업을 선택한 이유를 다시 한번 떠올리게 됩니다.

또 다른 뿌듯한 순간은, 작품의 엔딩 크레딧에 제 이름이 올라갈 때입니다. 드라마나 영화의 마지막에 스태프들의 이름이 쭉 나오는 그 순간, 제 이름을 발견할 때마다 전율과 함께 묘한 성취감을 느껴요. 특히 가족이나 친구들이 함께 보고 있을 때면 기쁨은 배가 됩니다. 가족, 친척, 친구들이 저를 알아보고 "이거 네가 한 작품이야?"라고 물어보거나, 인스타그램에서 태그하며 축하해 줄 때 정말 뿌듯하죠. 부모님께서 집안에서 아들을 자랑하거나, 처가 쪽에서 사위를 자랑할 때는 사실 좀 부끄럽기도 하지만, 동시에 이 직업을 선택하길 정말 잘했다는 생각이 듭니다.

그리고 그 순간들 외에도, 제가 참여한 작품이 상을 받거나 업계에서 좋은 평가를 받을 때 역시 큰 행복을 느낍니다. 특히 시각효과 부문에서 상을 받게 되면, 그 과정에 기여했다는 자부심이 생기죠. 그건 혼자 이룬 성과라기보다는 팀과 함께 이뤄낸 결과라 더욱 특별하게 다가옵니다. 이러한 경험들은 더 나은 작품을 만들기 위한 원동력이 되어줍니다.

마지막으로, 새로운 기술이나 창의적인 방법으로 문제를 해결하고, 그 결과가 예상보다 훨씬 훌륭하게 나왔을 때 가장 큰 보람을 느낍니다. 매번 새로운 도전을 통해 끊임없이 배우고 성장하는 경험은 이 직업의 가장 큰 매력이죠. 시각효과는 단순한 기술 작업을 넘어 끝없는 창의성을 요구하는 분야라 항상 흥미롭고 보람찹니다. 이 모든 경험이 모여 시각효과전문가의 길을 선택한 것을 후회하지 않게 만드는 것 같아요.

특별히 노력하는 게 있나요?

편 특별히 노력하는 게 있나요?

권 회사를 처음 시작할 때부터 직원들이 편안하게 일할 수 있는 환경 구축에 많은 신경을 썼습니다. 특히, 앉아서 오랜 시간 작업하는 직업의 특성상 목, 허리, 손목 건강에 유의하여 편안한 작업 환경을 제공하고자 노력했죠. 더 나아가, '비터스윗'이라는 회사 이름처럼 '할 땐 하고 놀 땐 놀자'라는 슬로건을 실

⋮ 현장 작업환경

↕ 현장 작업환경

천하며 직원들이 일과 삶의 균형을 이룰 수 있도록 지원하고
있습니다. 실제로 감독이나 PD들이 방문할 때마다 회사 인테
리어가 예쁘고 편안하다며 칭찬해 줄 때, 그동안의 노력이 헛
되지 않았음을 느낍니다.

외국과 우리나라의 실력 및 기술 차이가 있나요?

(편) 외국과 우리나라의 실력 및 기술 차이가 있나요?

(권) 과거에는 할리우드 같은 거대 영화 산업을 보유한 국가들이 VFX 기술을 선도해 왔습니다. 대표적으로 미국의 ILM Industrial Light & Magic과 Weta Digital은 오랜 역사와 풍부한 경험을 바탕으로 최고 수준의 VFX를 제작하며 업계를 선도해 왔습니다. 특히, 〈스타워즈〉, 〈반지의 제왕〉, 〈아바타〉와 같은 걸작들을 통해 전 세계적으로 그 기술력을 인정받았습니다.

하지만 최근 몇 년 사이 한국의 VFX 산업은 비약적인 발전을 이루었습니다. 국내 VFX 회사들은 할리우드 영화를 비롯한 다수의 글로벌 프로젝트에 참여하며 역량을 입증하고 있으며, 자체 제작 콘텐츠에서도 뛰어난 시각효과를 선보이고 있습니다. 특히, 〈부산행〉, 〈신과 함께〉와 같은 작품들은 국내외에서 큰 성공을 거두며 한국 VFX의 위상을 높였습니다. 기술적인 측면에서도 한국의 VFX 전문가들은 Maya, Houdini, Nuke와 같은 최신 소프트웨어를 빠르게 습득하고 능숙하게 활용하며, 새로운 기술 트렌드와 방법론을 끊임없이 학습하여 발전하고 있습니다.

더불어, 국내 VFX 교육 시스템은 날이 갈수록 체계화되고 있습니다. 다양한 대학과 전문 교육 기관에서 VFX 관련 학과를 개설하고, 실무 중심 교육을 강화하여 인재를 양성하고 있습니다. 물론, 기술적 세부 사항이나 경험 면에서 아직 개선해야 할 부분이 있지만, 한국의 VFX 전문가들은 글로벌 수준으로 빠르게 성장하고 있으며, 특히 빠른 학습 능력과 창의적인 문제 해결 능력을 바탕으로 차별화된 경쟁력을 확보해 나가고 있습니다.

결론적으로, 외국과 국내 VFX 전문가 간의 기술 격차는 빠르게 좁혀지고 있으며, 한국의 VFX 산업은 눈부신 성장을 이루고 있습니다.

시각효과전문가의 일과가 궁금합니다.

편 시각효과전문가의 일과가 궁금합니다.

권 제 일과를 기준으로 알려드릴게요.

오전 9:00	**출근 및 준비** 출근하여 자리에 앉아 컴퓨터를 켜고, 일과를 계획하며 이메일과 메시지를 확인합니다. 전체 회사의 주간 스케줄과 새로 들어온 프로젝트를 논의합니다. 각 팀의 진행 상황을 점검하고, 프로젝트별 주요 일정과 목표를 공유합니다.
오전 10:00	**대본 회의 및 기획** 새로 들어온 작품의 대본 회의를 진행합니다. 프로덕션팀과 함께 콘셉트 아트 및 레퍼런스를 구상하고, 감독 및 연출부와의 원활한 소통을 위한 VFX 자료를 제작 합니다.
오전 11:00	**진행 상황 점검** 현재 진행 중인 작품들의 진행 상황을 점검합니다. 각 팀 리더들과 회의를 통 해 문제점을 파악하고 개선 방안을 논의하며, 필요한 지원을 제공합니다.
오후 12:00	**점심시간** 동료들과 함께 점심을 먹으며 게임이나 취미에 대한 이야기를 나누며 휴식을 취 합니다.

오후 1:00	프로젝트 미팅
	새로 들어갈 작품이 있으면, 방송사 또는 제작사와 미팅을 통해 구체적인 요구 사항, 일정, 예산 등을 협의합니다.

오후 2:00	기술 지원 및 피드백
	직원들이 어려움을 겪는 샷에 대한 기술 지원을 제공하거나 직접 작업합니다. 각 팀장과 함께 작업 결과물을 검토하고 더 효율적이고 높은 퀄리티를 위한 개선 방안을 논의합니다.

오후 3:00	현장 방문 준비
	촬영 현장 방문을 위한 준비를 진행합니다. 필요한 장비와 자료를 점검하고, 감독님들과 논의할 사항을 정리합니다.

오후 4:00	촬영 현장 방문
	촬영 현장에서 감독님들과 협력하여 샷 촬영을 진행합니다. 사전에 논의된 내용을 바탕으로 작업하며, 필요에 따라 즉각적인 수정 및 조정을 가합니다.

오후 6:00	일과 마무리
	사무실로 돌아와 하루 동안 진행된 업무를 점검하고, 중요한 이메일에 답변합니다. 다음 날의 일정을 계획하고, 팀원들과 오늘의 성과를 공유하며 하루를 마무리하고, 내일의 계획을 함께 논의합니다.

존경하는 인물이 있나요?

편 존경하는 인물이 있나요?

권 어머니를 가장 존경합니다. 어릴 적 저는 공부보다는 컴퓨터와 카메라에 더 관심이 많았습니다. 그런 저에게 어머니는 "공부를 소홀히 하지 않는다면 네가 원하는 것을 다 해주겠다."라며 격려해 주셨죠. 어머니의 말씀 덕분에 저는 공부와 취미 생활 사이에서 균형을 이루며 성장할 수 있었고, 꿈꿔왔던 영상 분야에서 일하게 되었습니다. 지금 돌이켜보면 어머니의 현명한 결정이 없었다면 지금의 자리에 있지 못했을 거라는 생각이 들어요. 어머니의 헌신적인 사랑과 지지에 항상 감사하고 있습니다.

제가 어렸을 때부터 영상에 관심을 두고 꾸준히 활동할 수 있었던 건, 어머니의 묵묵한 지지 덕분이에요. 매일 밤 들었던 어머니의 잔소리가 지금은 소중한 조언으로 다가옵니다. 만약 어머니께서 저를 사교육에 몰아넣으셨다면, 지금처럼 창의적인 일을 하며 살 수 없었을 거예요. 어머니의 자유로운 교육 방식 덕분에 저는 제 꿈을 키워나갈 수 있었습니다.

당시에는 미디어 분야에 대한 정보가 부족했음에도 불구하고, 어머니는 저를 믿고 묵묵히 지지해 주셨어요. 멀리서 저를 응원하며 필요할 때마다 도움을 주셨던 어머니의 모습은 제게 항상 존경스럽습니다. 어머니 덕분에 저는 제 꿈을 향해 나아갈 수 있었고, 지금의 자리에 설 수 있었어요.

지금도 어머니를 생각하면 항상 감사하고 존경스러운 마음이 듭니다. 어머니는 제 삶의 가장 큰 지지자이자 멘토로서, 끊임없는 사랑과 지혜로 저를 이끌어주셨어요. 어머니 덕분에 저는 제가 좋아하는 일을 하며 행복하게 살고 있습니다. 어머니의 희생과 헌신 없이는 꿈을 이룰 수 없었을 거예요. 앞으로도 어머니의 가르침을 가슴에 새기며 살아갈 것입니다.

언제 가장 행복하세요?

편 언제 가장 행복하세요?

권 저는 평소에 불안감을 많이 느껴 힘들어요. 마치 영화 〈인사이드 아웃〉의 불안이라는 감정이 저를 대변하는 것 같아요. 미래에 대한 걱정과 과거의 실수를 자꾸 되짚어보는 습관 때문에 스스로를 괴롭히는 일이 잦아요. 아직 일어나지 않은 일에 대해 미리 걱정하고, 모든 선택에 확신을 갖지 못하다 보니 불안감이 더 커지는 것 같아요. 일이 잘못될까 봐 두려워하고, 과거의 선택을 후회하는 일이 반복되면서 스트레스를 많이 받고 있어요.

하지만 그런 걱정과 고민에서 벗어나 모든 일을 마무리했을 때 느끼는 해방감은 정말 크죠. 일단 휴대폰을 끄고 푹신한 침대에 누워 늦잠을 자는 순간, 세상의 모든 근심을 잊고 편안함을 느껴요. 특히 좋아하는 애니메이션을 정주행하는 날은 더할 나위 없는 행복이죠. 아무런 방해 없이 오롯이 나만의 시간을 즐기며 마음의 평화를 찾는 것만큼 행복한 일은 없어요.

가족과 함께 따뜻한 식사를 하며 소소한 이야기를 나누는 시간은 제게 큰 행복이에요. 특히 제가 열심히 작업했던 작품이나 일에 대해 가족들과 이야기할 때면 더욱 뿌듯함을 느껴요. 그동안 걱정했던 일들이 잘 마무리된 후 가족들과 함께 그 경험을 나누면 마음이 한결 가볍고, 스스로에게 자부심을 느끼죠. 가족은 언제나 저에게 안정감을 주는 존재예요. 함께 시간을 보내는 순간만큼은 복잡한 생각들이 사라지고 편안해지는 걸 느껴요.

저는 다양한 경험을 통해 배우는 것을 좋아하는데, 그중에서도 캠핑을 가장 좋아해요. 캠핑은 제게 특별한 힐링 시간이에요. 텐트를 치고, 내 손으로 공간을 꾸미는 과정 자체가 즐겁고, 자연 속에서 아무 생각 없이 멍하니 있는 시간은 더없이 행복하죠. 자연의 소리와 바람을 느끼며 마음의 평화를 찾는 시간이에요. 마치 자연이 제 안의 불안을 잠재워주는 것 같아요.

캠핑을 통해 자연과 하나 되는 경험은 정말 특별해요. 바람이 나무를 스치는 소리, 파도가 밀려오는 소리, 그리고 밤하늘의 별을 바라보는 순간들은 제게 잊지 못할 추억이 되었죠. 혼자만의 시간을 갖고 자연을 가까이에서 느끼면서, 그동안 쌓였던 스트레스를 모두 잊고 에너지를 충전할 수 있어요. 이런 시간이 저에게는 너무나 소중하고, 일상으로 돌아가 새로운 도전을 할 수 있는 원동력이 된답니다.

저에게 가장 큰 행복은 이런 휴식의 순간들이에요. 불안했던 마음을 다스리고 모든 일이 잘 마무리되었을 때, 그 순간을 온전히 즐기며 쉼을 취하는 것이죠. 애니메이션을 보거나 가족과 이야기를 나누고, 자연 속에서 캠핑을 떠나 여유를 만끽할 때 비로소 마음의 평화를 찾는답니다. 마치 바쁜 일상에서 잠시 멈춰 서서 나 자신을 돌아보고 에너지를 충전하는 시간 같아요. 이런 시간이 있기에 다시 일상으로 돌아가 활기차게 생활할 수 있는 것 같아요.

이 일을 그만두고 싶다고 느낀 적이 있나요?

편 이 일을 그만두고 싶다고 느낀 적이 있나요?

권 이 일을 그만두고 싶다고 느낄 때가 종종 있습니다. 특히 열심히 작업하다가 갑자기 파일이 날아가거나 컴퓨터가 꺼지면 정말 모든 의욕을 잃어버리거든요. 아무리 마음을 다잡아도 다시 시작하기가 너무 힘들어요. 그럴 때면 그냥 모든 걸 포기하고 싶다는 생각이 들 때도 있어요. 할 일을 미루거나 정말 급한 상황이 아니라면 게임을 하며 시간을 보내기도 하죠. 아이러니하게도 제 게임 닉네임은 '세이브는 필수'인데, 정작 일할 때는 자꾸 잊어버려요. 그래서 소중한 작업물을 잃어버릴 때마다 좌절감을 느끼고 속상해요.

단순히 파일이 날아가는 것만 문제가 아니에요. 계획대로 일이 진행되지 않을 때도 큰 어려움을 느껴요. 처음에는 잘 되던 작업이 예상치 못한 문제로 인해 엉망이 되는 경우가 많죠. 모든 요소가 완벽하게 맞아떨어져야 좋은 결과물이 나오는데, 중간에 문제가 생기면 원하는 결과를 얻기가 힘들어요. 그럴 때마다 큰 실망감에 빠지고, 이 일을 계속할 수 있을지 고민하게 돼요. 특히, 열심히 만든 결과물이 방송에서 사용되지 않거나, 수정 요구 때문에 완전히 다른 모습으로 바뀌게 될 때면 더욱 힘들죠. 많은 시간과 노력을 들였는데 기대했던 결과가 나오지 않으면, 더 이상 일을 하고 싶지 않다는 생각이 강하게 들어요.

특히, 애정을 쏟아부은 작품이 예상치 못한 이유로 빛을 보지 못할 때의 허탈감은 말로 표현하기 어려워요. 마음을 다해 만든 작품이 방송 일정이나 다른 외부적인 요인 때문에 사용되지 않을 때는 정말 허무하죠. 열심히 노력한 보람을 느끼지 못하고, 내가 이 일을 왜 하고 있는지 의문이 들 때도 있어요. 차라리 다른 일을 했더라면 어땠을까 하는 후회가 들기도 하고요. 그럴 때면 모든 걸 포기하고 싶다는 생각이 간절해져요.

하지만 이럴 때도 마음을 다잡고 다시 작업을 시작하려고 노력해요. 가끔은 잠시 쉬면서 다른 일을 하거나 게임을 하기도 하지만, 결국에는 다시 일에 집중하려고 하죠. 게임 닉네임이 '세이브는 필수'인 것처럼, 항상 준비된 자세로 일하고 싶어요. 물론 모든 일이 계획대로 되지는 않지만, 어려움을 이겨내면 더 좋은 결과를 얻을 수 있다고 생각해요.

직업병이 있을 것 같아요.

편 직업병이 있을 것 같아요.

권 길을 걷거나 사물을 볼 때마다 저절로 이런 생각이 들어요. '이걸 CG로 만들면 어떨까?', '이걸 이렇게 찍으면 예쁠 텐데….' 이런 식으로요. 마치 모든 것을 예술 작품처럼 바라보는 것 같아요. 예를 들어, 구름을 보면 고래 모양으로 보이기도 하고요. 주변의 평범한 것들이 특별하고 예술적으로 보여요. 그래서 일상에서도 자연스럽게 창의적인 아이디어가 떠올라요.

이런 습관은 영화나 드라마를 볼 때도 영향을 미쳐요. 영화를 보면서 스토리에 집중하기보다, 어떻게 촬영했는지, 조명은 어떻게 사용했는지, CG는 어떻게 만들었는지 등을 분석하게 되죠. VFX 업계 사람들은 대부분 비슷할 거예요. 어떤 영화든 시각효과부터 눈에 들어오니까요. 그래서 스토리에 집중해야 하는데, 자꾸 기술적인 부분에 신경이 쓰여서 영화를 제대로 즐기기 어려울 때가 많아요.

예를 들어, 영화에서 멋진 폭발 장면이 나오면 다른 사람들은 그 장면에 몰입하는데, 저는 '이 폭발은 어떻게 만들었을까?' 하면서 시각효과를 분석하죠. 폭발의 질감, 불꽃의 움직임, 카메라 앵글까지 하나하나 따져 보게 돼요. 그러다 보니 영화 이야기에 집중하기 어려울 때가 많아요. 드라마에서도 마찬가지예요. 평범한 장면이 나와도 배경의 조명이나 사물 배치를 보면서 '여기 조명을 조금만 다르게 했으면 더 좋았겠다.'는 생각이 들어요.

이런 시선은 직업적인 특성이기도 하지만, 제게는 창의력의 원천이에요. 모든 것을 관찰하면서 그 안에 숨겨진 기술과 예술을 찾으려고 하니까요. 그러다 보니 평범한 것도 특별하게 보이고, 새로운 아이디어가 떠오르기도 해요. 주변 사람들은 제가 너무 사소한 것까지 신경 쓴다고 생각할 때도 있지만, 저는 단순히 아름다움을 발견하는 것에 그치지 않고, 어떻게 더 발전시킬 수 있을지 고민하는 게 습관이 된 것 같아요.

때로는 이 직업병 때문에 영화를 편하게 즐기기 어려워요. 장면 하나하나를 분석하게 되다 보니 영화에 몰입하기가 힘들고, 다른 사람들과 영화를 볼 때도 분석적인 이야기를 자꾸 하게 돼서 오히려 분위기를 깨뜨리기도 해요. 그래서 혼자 영화를 볼 때는 오히려 분석하는 걸 즐기는 편이에요. 이런 시선과 분석적인 태도는 제 일의 근본이라고 할 수 있어요. 세상을 새롭게 바라보고, 더 아름답게 표현하는 것이 제가 하는 일의 중심이니까요.

스트레스는 어떻게 해소하세요?

편 스트레스는 어떻게 해소하세요?

권 스트레스를 해소하는 저만의 방법은 자연 속에서 휴식을 취하거나, 좋아하는 음악을 들으며 충분히 휴식을 취하는 것입니다. 특히 스트레스를 받으면 조용한 숙소를 잡아 바닷소리를 들으며 마음을 가다듬는 시간을 갖습니다. 잔잔한 파도소리를 듣고 있으면 마음이 편안해지면서 잠시나마 스트레스를 잊게 되죠. 그리고 제가 좋아하는 드뷔시의 〈달빛〉 같은 잔잔한 곡들을 들으며 잠을 청하는 것이 큰 위안이 됩니다. 휴대폰을 끄고 세상과 단절된 채 충분히 잠을 자고 나면, 마치 새롭게 충전된 듯 다시 시작할 힘이 생기는 것 같아요.

저는 스트레스를 해소할 때 완전히 혼자만의 시간이 필요하기 때문에, 이때는 계획적이고 체계적으로 움직이는 편입니다. 극단적인 F 성향 탓에 여행 역시 철저하게 계획을 세우고 그계획대로 움직이는 것을 좋아해요. 계획을 세우는 과정 자체가 스트레스 해소에 도움이 되고, 계획대로 일정을 소화하며 느끼는 성취감은 매우 크죠. 여행 전에 세세한 일정을 짜는 과정에서 스트레스가 해소될 뿐 아니라, 여행 중 계획이 순조롭게 진행될 때 더 큰 만족감을 느낍니다.

최근 스트레스가 심해 포천으로 캠핑을 떠났어요. 3일간의 일정을 미리 꼼꼼하게 계획하고 캠핑장을 예약했죠. 텐트를 치고 숲길을 걸으며 자연을 만끽하고, 고즈넉한 분위기 속에서 모든 걱정을 내려놓는 시간이 정말 좋았어요. 캠핑은 저에게 자연 속에서 편안함을 느끼고, 나만의 시간을 가질 소중한 기회예요. 덕분에 스트레스를 확실하게 해소할 수 있었죠. 캠핑은 단순한 여행을 넘어, 제가 직접 계획하고 실행하며 자연 속에서 나 자신에게 집중하는 소중한 시간입니다. 스마트폰을 끄고 세상과의 연결을 잠시 끊은 채 자연과 하나 되는 순간, 저는 자유롭게 생각하고 느끼며 새로운 에너지를 얻습니다.

드뷔시의 〈달빛〉은 제가 자주 듣는 음악으로, 힐링에 빠질 수 없는 중요한 요소입니다. 부드럽고 잔잔한 멜로디는 마음을 차분하게 만들어주고, 자연 속에서 들으면 마치 자연의 일부가 된 듯한 느낌을 주죠. 이 음악과 함께 조용한 시간을 보내면, 무거운 마음이 가벼워지고 일상으로 돌아갈 용기를 얻는 것 같아요. 결국 저는 자연 속에서 음악을 들으며 계획적인 휴식을 취하며 스트레스를 해소합니다. 자연 속에서 몸과 마음을 충분히 쉬게 하고, 계획적으로 움직이면서 새로운 에너지를 얻는 것이 저에게는 가장 효과적인 방법이죠.

이직하면 어디로 가나요?

(편) 시각효과전문가는 이직하면 어디로 가나요?

(권) 다양한 분야로 진출할 수 있습니다.

1 영화 및 TV 제작

영화 스튜디오: 더 큰 영화 스튜디오나 글로벌 영화 제작사로 이직하여 보다 큰 규모의 프로젝트에 참여할 수 있습니다.

TV 프로덕션 회사: TV 드라마나 광고 제작사로 이직하여 다양한 TV 콘텐츠 제작에 참여할 수 있습니다.

2 광고 및 마케팅

광고 에이전시: VFX 기술을 활용하여 광고 영상, 프로모션 비디오 등을 제작하는 광고 에이전시에서 일할 수 있습니다.

디지털 마케팅 회사: 디지털 콘텐츠와 소셜 미디어 캠페인에 VFX를 적용하는 작업을 할 수 있습니다.

3 게임 산업

게임 개발사: 3D 모델링, 애니메이션, 시각효과 등을 활용하여 비디오 게임 개발에 참여할 수 있습니다.

AR/VR 개발 회사: 증강현실 및 가상현실 콘텐츠 제작에 VFX 기술을 적용할 수 있습니다.

4 애니메이션 스튜디오

애니메이션 제작 회사: 2D 및 3D 애니메이션을 제작하는 스튜디오에서 VFX 기술을 활용할 수 있습니다.

5 미디어아트 및 설치 예술

미디어 아티스트: 미디어아트 전시회나 설치 예술 프로젝트에 참여하여 창의적인 작업을 할 수 있습니다.

박물관 및 전시회: 인터랙티브 디스플레이와 전시회를 위한 VFX 작업을 할 수 있습니다.

6 교육 및 훈련

VFX 교육 기관: 대학, 학원, 온라인 교육 플랫폼에서 강사로 일하며 VFX 기술을 가르칠 수 있습니다.

기업 내 교육 프로그램: 대기업이나 관련 산업에서

VFX 교육 프로그램을 운영하고 교육을 담당할 수 있습니다.

7 컨설팅 및 프리랜서

VFX 컨설턴트: 다양한 프로젝트에 자문을 제공하고, VFX 기술 및 프로세스 개선을 도울 수 있습니다.

프리랜서: 다양한 프로젝트에서 프리랜서로 일하며 유연하게 작업할 수 있습니다.

8 기술 개발 및 소프트웨어

VFX 소프트웨어 회사: VFX 도구와 소프트웨어를 개발하는 회사에서 일하며, 기술적인 혁신에 기여할 수 있습니다.

R&D 부서: 새로운 VFX 기술과 도구를 연구하고 개발하는 R&D 부서에서 일할 수 있습니다.

9 방송 및 뉴미디어

방송국: TV 프로그램, 뉴스, 스포츠 중계 등 다양한 방송 콘텐츠 제작에 참여할 수 있습니다.

인터넷 및 스트리밍 플랫폼: 넷플릭스, 디즈니 플러스

와 같은 스트리밍 서비스에서 콘텐츠 제작에 참여할 수 있습니다. 혹은 유튜브 쪽에서 라이브나 OAP에 참여할 수 있습니다.

이 직업의 세계를 잘 묘사한 작품을 추천해 주세요.

편 이 직업의 세계를 잘 묘사한 작품을 추천해 주세요.

권 기술적인 측면에서 해외 추천 영화 목록은 다음과 같습니다.

- 외국 영화 : 〈스타워즈〉, 〈듄〉, 〈그래비티〉, 〈아바타〉
- 국내 영화 : 〈기생충〉, 〈승리호〉, 〈대호〉
- 창의성과 영감이 뛰어난 영화 : 〈스파이더맨: 어크로스 더 유니버스〉, 〈엘리멘탈〉, 〈HER〉

시각효과
전문가가 되는
방법

시각효과전문가가 되는 다양한 방법을 알려주세요.

편 시각효과전문가가 되는 다양한 방법을 알려주세요.

권 일반적으로 학원에서 전문적인 교육을 받는 것이 가장 빠른 길입니다. 넷플릭스 아카데미처럼 VFS 전문가를 양성하는 프로그램도 있지만, 전문 학원의 경우 비용이 상당히 부담될 수 있습니다. 1년에 60만 원 이상의 비용이 소요되는 경우가 많거든요. 시각효과 분야에 관심이 있는 학생이라면, 학원 수업이나 방송 관련 캠프에 참여하여 빠르게 입문할 수 있습니다. 또한, 기회가 된다면 방송국에서 아르바이트하면서 실제 현장을 경험하는 것도 좋은 방법입니다. 실제로 많은 전문가가 보조 출연 등을 통해 작품 제작 과정을 간접적으로 체험하며 영감을 얻었다고 합니다.

최근에는 콜로소 같은 온라인 강의 플랫폼을 통해 비교적 저렴한 비용으로 시각효과를 배울 수 있습니다. 하지만 무료로 학습할 수 있는 유튜브 강좌를 활용하는 것도 좋은 방법입니다. '튜토리얼'이라는 키워드로 검색하면 다양한 기초 강좌를 찾을 수 있습니다. 시각효과 분야를 전문적인 직업으로 삼고 싶다면 체계적인 교육을 제공하는 학원 수강을 적극적으로 고려해야 합니다.

채용 정보는 어디에서 확인하나요?

편 채용 정보는 어디에서 확인하나요?

권 VFX 관련 취업을 희망하는 사람들은 다양한 경로를 통해 채용 정보를 얻을 수 있습니다. 대표적인 채용 정보 플랫폼으로는 CG랜드, CG LINK, 미디어잡 등이 있습니다. 이들 플랫폼은 시각효과, 모션 그래픽, 3D 애니메이션 등 관련 분야의 채용 공고를 지속적으로 업데이트하며, VFX 업계의 구인·구직을 중심으로 한 정보를 제공합니다. 각 플랫폼에서는 신입부터 경력자까지 다양한 직무에 대한 공고가 올라오므로, 지원자는 본인의 경력과 기술 수준에 맞는 공고를 쉽게 찾아볼 수 있습니다.

또한, 네이버 카페 '리드미컬 이미지네이션'은 모션 그래픽 및 시각디자인 분야에 관심 있는 사람들에게 주목할 만한 커뮤니티입니다. 이곳은 현업 종사자와 취업 준비생들이 활발하게 정보를 교류하는 공간으로, 취업 정보뿐만 아니라 포트폴리오 피드백, 실무 노하우 등 다양한 정보를 얻을 수 있습니다. 따라서 취업 준비는 물론, 실무 감각을 키우는 데도 큰 도움이 될 수 있습니다.

CG 학원에 다니는 것도 좋은 방법입니다. 많은 CG 학원에서는 취업을 목표로 하는 취업반을 운영하며, 현장 실무에 필요한 기술을 집중적으로 교육합니다. 학원을 통해 기술을 습득할 뿐만 아니라, 학원과 연계된 기업으로의 취업 연계 또는 인턴십 기회를 얻을 수 있습니다. 특히, 포트폴리오 제작 지원과 면접 준비는 취업 과정에서 큰 도움이 됩니다.

VFX 관련 학과 학생들은 교수님의 추천을 통해 취업 기회를 얻을 수 있습니다. 관련 학과 교수님들은 현업과의 긴밀한 관계를 활용하여 학생들에게 다양한 인턴십 기회를 제공하거나, 특정 업체에 직접 추천하기도 합니다. 이는 회사 입장에서 신뢰할 수 있는 인재를 추천받는 것과 같아 학생들에게도 큰 도움이 되며, 실제 현장에서의 경험을 쌓을 소중한 기회가 됩니다.

그뿐만 아니라, LinkedIn은 VFX 및 모션 그래픽 분야에서 해외 취업을 희망하는 사람들에게 매우 유용한 플랫폼입니다. LinkedIn에서는 글로벌 기업들이 정기적으로 채용 공고를 올리며, 업계 전문가들과의 네트워킹을 통해 더 많은 취업 기회를 얻을 수 있습니다. 또한, 포트폴리오를 공유하거나 자기소개서를 작성하여 직접 채용 기회를 모색할 수 있습니다. 특히, 글로벌 기업들의 채용 정보를 빠르게 얻을 수 있어, 글로벌 취업을 꿈꾸는 사람들에게 매우 적합합니다.

로켓펀치는 국내 스타트업 채용 시장에서 주목받는 플랫폼으로, 특히 VFX 분야의 전문 인력을 찾는 스타트업들이 많이 이용합니다. 이를 통해 VFX 전문가들은 혁신적인 환경에서 다양한 프로젝트에 참여하며 빠르게 변화하는 기술 트렌드를 경험하고 성장할 기회를 얻을 수 있습니다. 스타트업의 특성상 유연하고 역동적인 업무 환경에서 자신만의 역량을 발휘하고 싶은 이들에게 로켓펀치는 매력적인 선택지가 될 수 있습니다.

또한, 사람인이나 잡코리아 같은 전통적인 채용 플랫폼에서도 VFX, 시각디자인 관련 직무를 쉽게 찾아볼 수 있습니다. 대기업이나 중견기업들은 그래픽디자인, 시각디자인, 영상 편집 등의 분야에서 인재를 채용할 때 이러한 플랫폼을 자주 활용합니다. 필터 기능을 통해 원하는 직무나 근무 지역을 설정하면 자신에게 맞는 채용 공고를 간편하게 검색할 수 있습니다.

Behance는 전 세계 디자이너들이 자신의 포트폴리오를 공유하는 글로벌 플랫폼입니다. 특히, 모션 그래픽과 시각디자인 분야에서 활동하는 디자이너들이 자기 작품을 선보이며, 글로벌 기업들은 이곳에서 인재를 발굴하고 있습니다. Behance에 꾸준히 자기 작품을 업데이트하면 시각적인 표현이 중요한 디자인 업계에서 Behance는 필수적인 네트워킹 도구이자, 글로벌 무대에서 자신의 역량을 알릴 수 있는 최고의 기회를 제공합니다.

페이스북 그룹은 디자인 및 모션 그래픽 분야 종사자들에게 실시간 채용 정보와 다양한 기회를 제공하는 소중한 플랫폼입니다. '모션 그래픽 디자이너 커뮤니티'나 'CG/VFX 취업 정보 공유'와 같은 관련 그룹에 가입하면, 채용 공고뿐만 아니라 프리랜서 프로젝트, 업계 네트워킹 이벤트 등 다채로운 정보를 얻을 수 있습니다.

디자인정글은 시각디자인, 모션 그래픽, VFX 등 다양한 디자인 분야의 채용 정보를 한눈에 확인할 수 있는 전문 포털입니다. 정기적으로 업데이트되는 채용 공고뿐만 아니라, 최신 디자인 트렌드와 다양한 공모전 정보까지 제공하여 디자이너들의 취업 준비를 효과적으로 지원합니다. 특히, 디자인 공모전에서 수상 경력은 포트폴리오의 경쟁력을 높여 취업에 유리하게 작용할 수 있습니다.

이처럼 VFX 분야 취업을 위한 다양한 경로가 존재합니다. LinkedIn, 로켓펀치, Behance, 페이스북 그룹, 디자인정글 등 다양한 플랫폼에서 제공하는 채용 정보와 업계 소식을 적극적으로 활용하고, 네트워킹 기회를 통해 실무 경험을 쌓는 것이 성공적인 VFX 분야 취업으로 이어지는 지름길입니다.

학창 시절에 잘해야 하는 과목이나 분야가 있나요?

(편) 학창 시절에 잘해야 하는 과목이나 분야가 있나요?

(권) VFX 분야를 꿈꾸는 학생이라면 학창 시절 어떤 과목을 중점적으로 학습해야 할까요? 가장 중요한 것은 영어입니다. 대부분의 VFX 소프트웨어가 영어 기반으로 제작되어 있고, 해외 유수의 VFX 스튜디오에서 일하기 위해서는 영어 실력이 필수적입니다. 디즈니, 넷플릭스와 같은 글로벌 기업에서도 영어 능력을 중요하게 평가하기 때문에, 미리 영어 실력을 다져놓는 것이 좋습니다. 또한, 최신 VFX 기술과 관련된 다양한 정보와 튜토리얼이 영어로 제공되기 때문에, 영어를 능숙하게 활용할 수 있다면 학습 효율을 높이고 더욱 깊이 있는 지식을 얻을 수 있습니다.

VFX 분야의 전문적인 교육 기회가 부족하다고 느껴질 수 있지만, 학교에서 배우는 다양한 과목들을 활용하여 충분히 기본기를 다질 수 있습니다. 특히, 미술은 시각적 표현 능력과 색채 감각을 키우는데 기본이 되는 과목입니다. VFX 작업에서 중요한 시각디자인과 구성 능력을 향상하기 위해 미술 수업에서 배운 내용을 실제로 활용해 보는 것이 좋습니다. 또한, 컴퓨터 과학 수업을 통해 프로그래밍 언어를 배우고 논리적인 사고 능력을 키우는 것은 VFX 작업에서 발생하는 다양한 문제를 해결하는 데 큰 도움이 됩니다.

VFX 작업에서는 수학적 지식이 핵심적인 역할을 합니다. 3D 모델링에서 객체를 변형하거나 애니메이션을 제작할 때, 기하학과 물리학적인 원리가 기반이 되기 때문입니다. 예를 들어, 3D 모델의 회전, 이동, 크기 조절 등은 모두 수학적인 계산을 통해 이루어집니다. 또한, 물체의 움직임을 사실적으로 표현하기 위해서는 물리학적인 원리를 이해해야 합니다. 따라서 VFX 아티스트를 꿈꾸는 학생이라면 학창 시절 수학과 과학 과목을 꾸준히 학습하여 탄탄한 기초를 다져두는 것이 좋습니다.

자신만의 포트폴리오를 구축하기 위해서는 애프터 이펙트 After Effects나 마야 Maya와 같은 전문적인 영상 제작 프로그램을 능숙하게 다루는 것이 좋습니다. 이러한 프로그램들은 시각효과와 모션 그래픽 작업에 필수적인 도구로, 다양한 영상 콘텐츠 제작에 활용됩니다. 직접 프로젝트를 진행하며 실습해 보고, 간단한 애니메이션이나 특수효과를 만들어보는 경험은 실제 작업 현장에서 빠르게 적응하는 데 큰 도움이 될 것입니다.

특히, 다양한 프로젝트에 참여하며 실무 경험을 쌓는 것은 매우 중요합니다. 짧은 영상 제작, 시각효과 연출 등 실제적인 프로젝트를 수행하며 작업 흐름을 익히고 문제 해결 능력을 키울 수 있습니다. 또한, 영화를 보면서 시각효과가 어떻게 만들어졌는지 분석하는 습관은 창의적인 영감을 얻고, VFX 기술에 대한 이해도를 높이는 데 큰 도움이 됩니다. 단순히 영상을 감상하는 것을 넘어, 그 이면에 숨겨진 기술과 연출 방식을 탐구하는 자세가 필요합니다.

유리한 전공 또는 자격증이 있을까요?

편 유리한 전공 또는 자격증이 있을까요?

권 유리한 전공은 시각디자인학과, 방송영상학과, 애니메이션학과 등이 있습니다. 전문대학의 경우 서울예술대학교, 동아방송대학교, 한국영상대학교 등 미디어 산업에 특화된 대학들이 있습니다. 개인적으로는 자격증보다는 실력을 보여주는 포트폴리오를 더 추천합니다. 포트폴리오는 자신의 역량을 직접적으로 보여주는 가장 효과적인 방법입니다. 물론, 교육 분야에 종사하는 사람들에게는 자격증이 필요할 수 있습니다. Autodesk, ACA, ACP 등 다양한 프로그램 관련 자격증이 있으니 참고하면 좋습니다.

편 컴퓨터를 전공한 사람이 더 유리하진 않나요?

권 아니에요. 프로그램 사용법은 누구나 익힐 수 있지만, 중요한 것은 그 기술을 바탕으로 어떤 창의적인 결과물을 만들어내느냐에 있습니다.

대학을 졸업하지 않으면 전문가가 될 수 없나요?

편 대학을 졸업하지 않으면 전문가가 될 수 없나요?

권 대학 졸업 여부보다는 실력이 더 중요한 VFX 분야입니다. 충분한 실력만 갖추면 대학을 졸업하지 않더라도 전문가로서 활동할 수 있습니다. 하지만 대학은 단순히 학문뿐만 아니라 다양한 경험을 쌓을 좋은 기회를 제공합니다. 학교생활을 통해 다양한 사람들과 교류하고 협업하는 법을 배우며, 졸업 후 사회생활에 필요한 소통 능력과 문제 해결 능력을 키울 수 있습니다.

먼저, 대학은 체계적인 교육 과정을 통해 VFX 분야의 기초부터 심화까지 단계별 학습을 지원합니다. 3D 모델링, 애니메이션, 합성 등 다양한 기술을 익히고, 실제 프로젝트를 수행하며 실무 경험을 쌓을 수 있습니다. 이러한 경험은 전문성을 키우고 현장 적응력을 높이는 데 큰 도움이 됩니다.

대학은 작은 사회와 같아 다양한 사람들과 교류하며 협업하는 법을 배울 수 있는 최고의 장입니다. 팀 프로젝트를 통해 이견을 조율하고 문제를 해결하는 경험은 실제 직장 생활에서 필수적인 역량을 키워줍니다. 대학에서 쌓은 소통 능력과 협업 능력은 사회생활에 나가서도 큰 자산이 될 것입니다.

VFX 업계에서 소통 능력은 필수적입니다. 대학은 교수, 선배, 동기들과의 활발한 소통을 통해 실무에 필요한 노하우와 경험을 얻을 수 있는 최고의 장입니다. 교수는 풍부한 경험을 바탕으로 학생들에게 실질적인 조언을 제공하고, 다양한 업계 네트워크를 활용하여 진로 상담이나 취업 기회를 연결해 줍니다. 선배들은 현장에서 부딪히며 쌓은 실무 경험을 바탕으로 후배들의 성장을 돕고, 취업 준비에 필요한 정보를 공유합니다. 동기들과 함께 팀 프로젝트를 수행하며 협업 능력을 키우고, 서로의 아이디어를 공유하며 창의성을 향상할 수 있습니다.

대학에서 형성된 견고한 인적 네트워크는 졸업 후 취업이나 프로젝트 진행 시 큰 자산이 됩니다. 산학 협력 프로그램을 통해 인턴십 기회를 얻고 업계 전문가들과 교류하며 실무 경험을 쌓을 수 있습니다. 이러한 경험은 졸업 후 바로 현장에 적응하고 경쟁력을 높이는 데 큰 도움이 됩니다.

대기업 입사 시 대학 졸업장은 여전히 유리하게 작용할 수 있습니다. 물론, 실력이 가장 중요하지만, 많은 대기업, 특히 글로벌 기업들은 학력을 중요한 평가 기준으로 삼습니다. 학력에 따라 연봉이나 승진 기회가 달라질 수 있기 때문에, 대학 졸업은 더 나은 조건으로 취업할 수 있는 발판이 될 수 있습니다. 해외 취업을 목표로 한다면 대학 졸업장의 중요성은 더욱 커집니다. 글로벌 기업들은 대부분 학력을 중시하며, 해외에서 인정받는 학위는 더 넓은 취업 기회를 제공합니다.

대학에서 배우는 창의력과 문제 해결 능력은 VFX 분야에서 핵심적인 자질입니다. VFX는 창의성이 필수적인 분야로, 대학에서 진행되는 다양한 프로젝트와 과제를 통해 학생들은 창의적인 사고와 문제 해결 능력을 키울 수 있습니다. 또한, 빠르게 변화하는 업계 트렌드에 발맞춰 새로운 기술을 습득하고 적용하는 능력 역시 대학 교육을 통해 함양할 수 있습니다. 이러한 역량들은 실무에서 중요한 자질이 됩니다.

대학 학위 없이도 VFX 분야에서 성공할 수 있습니다. 핵심은 바로 포트폴리오입니다. VFX 업계는 실력 중심으로 평가되기 때문에, 자신의 역량을 보여줄 수 있는 포트폴리오를 준비하는 것이 매우 중요합니다. 다양한 개인 프로젝트를 진행하며 실무 경험을 쌓고, 이를 포트폴리오에 담아낸다면 학력이 없더라도 충분히 경쟁력을 갖출 수 있습니다.

대학을 졸업하지 않았더라도, 적극적인 소통을 통해 다양한 기회를 얻을 수 있습니다. 온라인 커뮤니티나 소셜 미디어를 활용하여 다른 전문가들과 교류하고 정보를 공유하며, 취업이나 프로젝트 참여 기회를 모색할 수 있습니다. 대학에서 경험하는 네트워킹은 온라인 커뮤니티를 통해서도 충분히 구축할 수 있습니다. 자신의 능력을 적극적으로 알리고 꾸준히 관계를 형성하는 것이 성공적인 커리어를 위한 중요한 첫걸음이 될 것입니다.

VFX 분야는 학력보다 실력이 중요시되는 분야이지만, 대학교육은 전문가로 성장하는 데 큰 도움이 됩니다. 체계적인 교육 과정을 통해 전문 지식을 쌓고, 다양한 사람들과 교류하며 소통 능력을 키울 수 있습니다. 또한, 대학 생활은 사회생활을 미리 경험하고 성장할 수 있는 좋은 기회입니다. 특히, 대기업이나 글로벌 기업에 진출하고자 한다면 학위는 여전히 경쟁력을 높이는 요소로 작용할 수 있습니다. 더불어, 대학 교육은 창의력과 문제 해결 능력을 키우는 데에도 큰 도움을 주어 VFX 전문가로서 성장하는데 밑거름이 될 것입니다. 따라서 대학에 갈 수 있는 기회가 있다면 적극적으로 활용하여 더욱 탄탄한 커리어를 쌓아나가는 것이 좋겠습니다.

대학교와 맺은 산학협력 협약서 ···▸

어떤 사람이 이 직업에 잘 맞을까요?

[편] 어떤 사람이 이 직업에 잘 맞을까요?

[권] 시각효과전문가에게는 풍부한 창의력과 상상력은 물론, 최신 소프트웨어를 능숙하게 다루는 기술적 역량이 필수적입니다. 특히, 독창적인 아이디어를 시각적으로 구현하는 능력과 세심한 디테일을 놓치지 않는 꼼꼼함이 중요합니다. 또한, 예상치 못한 문제 상황에서도 창의적인 해결 방안을 제시하고, 긴 시간 동안 집중력을 유지하며 작업을 수행하는 인내심이 요구됩니다. 팀 프로젝트가 많기 때문에 다른 팀원들과 원활하게 소통하고 협업하는 능력 또한 필수적인 자질입니다.

VFX 분야에서 성공적인 전문가가 되기 위해서는 끊임없이 변화하는 기술 트렌드에 발맞춰 새로운 소프트웨어와 기술을 습득하려는 열정이 필수적입니다. 또한, 시각적인 언어를 통해 이야기를 효과적으로 전달하는 스토리텔링 능력과 색상, 조명, 구도에 대한 예리한 감각은 창의적인 VFX 작업을 수행하는 데 핵심적인 역량입니다. 그뿐만 아니라, 빠듯한 일정과 높은 작업 강도 속에서도 흔들림 없이 작업을 수행하고 스트레스를 관리하는 능력 역시 성공적인 시각효과전문가에게 요구되는 중요한 자질입니다.

이 일이 맞지 않는 사람은 누구일까요?

편 이 일이 맞지 않는 사람은 누구일까요?

권 VFX 분야는 끊임없이 변화하는 기술과 새로운 아이디어를 요구하기 때문에, 고정된 사고방식을 가진 사람은 적응하기 어려울 수 있습니다. 유연한 사고와 새로운 시도를 두려워하지 않는 자세가 필요합니다. 기존 방식에만 안주하고 변화를 거부하는 경우, 창의적인 결과물을 만들어내기 어렵고 작업 효율 또한 떨어질 수 있습니다. VFX는 끊임없이 새로운 가능성을 탐구하는 분야이므로, 열린 마음으로 변화를 받아들이는 자세가 중요합니다.

VFX는 빠르게 변화하는 기술 환경에서 최신 소프트웨어와 도구를 활용해야 하는 분야입니다. 신기술 도입에 대한 거부감이 크거나 꼼꼼함이 부족한 사람은 어려움을 겪을 수 있습니다. 새로운 기술을 배우고 적용하는 능력은 필수적이며, 디테일을 중시하는 꼼꼼함 또한 중요합니다. 작은 실수가 전체 결과물에 큰 영향을 미칠 수 있기 때문에, 세심한 주의를 기울여 작업해야 합니다. 꼼꼼하지 못하거나 변화를 꺼리는 성향은 프로젝트의 완성도를 저해하고, 최고의 결과물을 만들어내는 데 방해가 될 수 있습니다.

VFX 작업은 긴 시간과 끈기 있는 노력을 요구하는 분야입니다. 단순히 빠른 결과를 얻고자 하는 사람에게는 적합하지 않습니다. 작업의 복잡성과 고객의 요구사항에 따라 반복적인 수정과 보완이 필요하며, 한 장면을 완성하기 위해 수십 번의 시도를 거쳐야 할 때도 있습니다. 이처럼 장기적인 작업 과정에서 인내심을 잃지 않고 꾸준히 노력하는 자세가 필요합니다. 결과물이 나올 때까지 끈기 있게 작업을 이어나가는 능력이 시각효과전문가에게는 필수적입니다.

VFX 작업은 팀원들과의 긴밀한 협업이 필수적인 분야입니다. 감독, 프로듀서 등 다양한 사람들과 끊임없이 소통하며 의견을 조율해야 하기 때문에, 원활한 의사소통 능력이 매우 중요합니다. 소통 능력이 부족하거나 협업을 꺼리는 사람은 프로젝트 진행에 어려움을 겪고, 팀 전체의 효율성을 저하시킬 수 있습니다. 특히, 프로젝트의 방향성을 설정하고 피드백을 주고받는 과정에서 원활한 소통은 필수적입니다. 따라서 타인과의 관계를 원만하게 유지하고 협력적인 자세를 갖춘 사람이 VFX 작업에 더욱 적합합니다.

VFX는 기술력뿐만 아니라 창의성을 요구하는 분야입니다. 단순히 기술을 잘 다루는 것만으로는 부족하며, 주어진 상황에서 새로운 아이디어를 구상하고 시각적으로 표현하는 능력이 필요합니다. 창의적인 사고를 즐기고 기술적인 역량을 갖춘 사람이 VFX 분야에서 더 큰 성취감을 느끼고 성장할 수 있습니다. 창의력과 기술력은 서로 시너지를 발휘하여 더욱 훌륭한 결과물을 만들어낼 수 있기 때문입니다.

VFX 업계는 짧은 마감 기한과 다양한 요구사항으로 인해 높은 수준의 스트레스를 수반합니다. 따라서 압박감 속에서도 냉정하게 문제를 해결하고 작업을 완수할 수 있는 스트레스 관리 능력이 필수적입니다. 예상치 못한 문제 상황에 직면하거나 짧은 시간 안에 많은 작업을 처리해야 할 때, 스트레스에 쉽게 흔들리거나 압박감을 못 이겨내는 사람은 업무 수행에 어려움을 겪을 수 있습니다. 시각효과전문가는 끊임없이 변화하는 환경 속에서도 침착하게 문제를 해결하고, 주어진 기한 내에 최고의 결과물을 만들어내는 능력을 갖춰야 합니다.

청소년기에 어떤 경험을 하면 좋을까요?

편 청소년기에 어떤 경험을 하면 좋을까요?

권 다양한 프로그램을 기초적으로 경험해 보는 것을 추천합니다. 유튜브에서 무료 강의를 통해 기본적인 기능들을 익힐 수 있어요. 그중에서 자신에게 맞고 흥미로운 툴을 찾았다면, 콜로소나 패스트캠프 같은 유료 강좌를 통해 심화 학습을 하는 것도 좋습니다. 이러한 과정을 통해 자신이 VFX 분야에서 어떤 역할을 하고 싶은지 진로를 설정할 수 있을 거예요. 하지만 한 가지 분야에만 집중하기보다는 다양한 툴을 폭넓게 경험하고, 그중에서 자신이 가장 잘 다룰 수 있는 툴을 특화하는 것이 중요합니다.

그리고 친구들과 함께 단편영화를 제작하거나 전시회, 콘서트, 뮤지컬 등 다양한 문화 활동을 통해 영감을 얻고 시각을 넓힐 수 있습니다. 청소년영화제나 방송캠프에 참여하여 또래 친구들과 교류하며 실질적인 조언과 피드백을 얻고, 실무 경험을 쌓는 것도 좋은 방법입니다. 또한, VFX 관련 온라인 커뮤니티에 참여하여 다른 사람들과 정보를 공유하고 교류하는 것도 큰 도움이 됩니다. 이러한 경험들을 통해 VFX에 대한 이해를 깊이 하고, 필요한 기술과 감각을 키울 수 있습니다. 청소년

원룸 작업실

첫 유튜브 예능 감독

‡ 뮤비 크레딧

기에 다양한 경험을 쌓아 자신만의 포트폴리오를 구축하는 것
은 미래의 시각효과전문가로서 큰 자산이 될 것입니다.

이 직업을 희망하는 청소년에게
책이나 영화 등을 추천해 주세요.

편 이 직업을 희망하는 청소년에게 책이나 영화 등을 추천해 주세요.

권 VFX에 관심이 많은 청소년들에게 미셸 공드리 감독의 영화를 추천합니다. 공드리 감독은 독창적인 예술과 비주얼 스타일을 결합하여 흥미로운 영화들을 만들어내는 감독입니다. 특히, 최첨단 CG 기술에 의존하지 않고도 독창적인 촬영 기법과 특수효과를 활용하여 시각적으로 놀라운 효과를 만들어냈습니다. 그의 영화는 VFX에 관심 있는 청소년들에게 시각적인 영감을 주고, 다양한 표현 기법을 배우는 데 큰 도움이 될 것입니다.

특히, 그의 대표작 중 하나인 〈이터널 선샤인Eternal Sunshine of the Spotless Mind〉은 기억을 지우는 과정을 독특하고 아름다운 영상으로 표현해낸 작품입니다. CG 기술보다는 실제 촬영 기법을 활용하여 기억이 지워지는 과정을 시각적으로 구현해낸 장면들이 인상적입니다. 이는 청소년들에게 새로운 시각효과 기법에 대한 영감을 줄 수 있으며, 복잡한 이야기 속에서 VFX가 어떻게 감정을 더욱 풍부하게 표현할 수 있는지 보여주는 좋은 예시입니다.

또 다른 추천작인 〈무드 인디고^{Mood Indigo}〉는 몽환적이고 비현실적인 분위기 속에서 아날로그적인 시각효과를 멋지게 활용한 영화입니다. CG 기술 대신 다양한 소품과 세트를 활용하여 비현실적인 세계를 생생하게 표현해낸 이 작품은, 시각효과가 반드시 컴퓨터 그래픽에 의존할 필요는 없다는 것을 보여줍니다. 특히, 이 영화는 청소년들의 상상력을 자극하고 다양한 촬영 기법을 배우는데 좋은 영감을 줄 것입니다.

〈수면의 과학^{The Science of Sleep}〉 역시 강력 추천하는 영화입니다. 꿈과 현실이 넘나드는 몽환적인 분위기 속에서 독창적인 시각효과를 선보이며, VFX에 관심 있는 이들에게 많은 영감을 줄 수 있습니다. 공드리 감독은 CG보다는 수작업으로 만들어진 모형이나 소품을 활용하여 꿈속 세계를 표현하며, VFX가 단순히 기술적인 요소를 넘어 이야기를 더욱 풍부하게 만들 수 있다는 것을 보여줍니다. 영화 속 상징적인 이미지와 추상적인 표현 방식은 VFX 아티스트들에게 창의적인 아이디어를 제공할 것입니다.

〈비 카인드 리와인드^{Be Kind Rewind}〉 역시 놓쳐서는 안 될 작품입니다. 이 영화는 저예산으로 제작된 영화 속 영화들을 통해 창의적인 시각효과 기법을 유쾌하게 보여줍니다. 기술적인 한계를 뛰어넘어 상상력과 재치로 시각효과를 구현하는 과정은 VFX를 배우는 이들에게 큰 영감을 줄 것입니다. 제한된 자원 속에서도 최대한의 효과를 내는 방법을 배우고 싶다면, 이 영화를 통해 많은 것을 얻을 수 있을 것입니다.

〈솔루션 북The Solution Book〉 역시 빼놓을 수 없는 작품입니다. 미셸 공드리 감독의 자전적인 이야기를 담은 이 영화는 그의 예술 세계를 엿볼 수 있는 좋은 기회를 제공합니다. 단순히 시각효과만을 보여주는 것이 아니라, 삶과 예술에 대한 깊이 있는 성찰을 담고 있어 VFX를 넘어 예술 전반에 대한 통찰을 얻고자 하는 이들에게 큰 영감을 줄 것입니다.

단순히 영화를 많이 보는 것보다 영화 속 중요한 요소들을 분석하고, 이를 실사화했을 때 어떤 시각효과가 적합할지 고민하는 습관을 들이는 것이 좋습니다. 최근 웹툰이나 웹소설이 드라마나 영화로 제작되는 사례가 늘어나면서, 이러한 콘텐츠를 단순히 즐기는 것을 넘어 심층적으로 분석하는 능력이 중요해졌습니다. 웹툰이나 웹소설 속 장면들을 시각적으로 구현하는 것을 상상하고, 이를 실제로 구현하기 위한 다양한 방법을 고민하는 것은 VFX를 배우는 데 있어 매우 유용한 연습이 될 것입니다.

예를 들어, 〈스위트홈〉, 〈지옥〉, 〈지금 우리 학교는〉처럼 웹

VFX 작업 전 (위) / 작업 후 (아래)

툰을 원작으로 한 드라마들이 최근 큰 인기를 얻고 있습니다. 이러한 작품들을 시청할 때 단순히 스토리에만 집중하기보다는 '이 장면의 시각효과는 어떻게 만들어졌을까?', '만약 내가 이 장면을 연출했다면 어떤 방식으로 표현했을까?'라는 시각으로 분석하는 습관을 들이는 것이 좋습니다. 이는 창의적인 사고를 키우고, 실제 작업 현장에서 문제를 해결하는 능력을

드라마 <사이코지만 괜찮아> 작업 전 (위) / 작업 후 (아래)

향상시키는 데 큰 도움이 될 것입니다.

또한, 미디어 콘텐츠를 분석할 때는 작가가 어떤 메시지를 전달하고자 했는지를 파악하는 것이 중요합니다. 단순히 시각효과의 기술적인 측면만 보는 것이 아니라, 해당 장면에서 어떤 감정을 불러일으키고자 했는지, 그리고 그 의도를 시각적으로 어떻게 표현했는지를 깊이 있게 고민해 보는 것이죠.

VFX는 단순한 시각적 효과를 넘어, 이야기와 감정을 시각적으로 강화하는 중요한 도구입니다. 따라서 이러한 분석 능력은 시각효과전문가로 성장하는 데 큰 도움이 될 것입니다.

영화 <수리남> 작업 전 (위) / 작업 후 (아래)

시각효과
전문가가 되면

시각효과전문가는 어디에서 근무하나요?

편 시각효과전문가는 어디에서 근무하나요?

권 주로 사무실에서 컴퓨터를 이용해 다양한 콘텐츠를 제작하는 업무를 담당하고 있습니다. 외부 활동은 드물지만, PD나 슈퍼바이저처럼 외부와의 소통이 필요한 역할을 맡을 경우에는 방송사에서 후반 작업 미팅을 하거나, 촬영 현장에서 CG 샷을 감독과 협의하는 등 외부 업무가 빈번하게 발생합니다. 즉, 시각효과전문가의 업무는 내부 스튜디오에서의 컴퓨터 작업과 외부 현장에서의 소통이라는 두 가지 축으로 이루어진다고 볼 수 있습니다.

어떤 업무부터 시작하나요?

편 어떤 업무부터 시작하나요?

권 시각효과 분야의 업무는 매우 다양하지만, 크게 세 가지 영역으로 나누어 설명해 드릴 수 있습니다.

막내 VFX 아티스트 Junior VFX Artist

막내 VFX 아티스트는 주로 기본적인 작업을 담당하며, 소프트웨어 사용법을 익히고 간단한 모델링, 텍스처링, 합성 작업 등을 수행합니다. 선배 아티스트의 지도 아래에서 작업 흐름과 기술을 배우며, 주어진 업무를 정확하게 처리하고 팀과의 협업 능력을 키워나가는 것이 중요합니다.

중급 VFX 아티스트 Mid-Level VFX Artist

중급 VFX 아티스트는 더욱 복잡하고 전문적인 작업을 수행합니다. 특정 분야, 예를 들어 모델링, 텍스처링, 애니메이션 또는 합성 분야에서 전문성을 갖추고, 프로젝트의 일정과 품질 기준을 충족시키며 작업을 완수해야 합니다. 또한, 후배 아티스트를 멘토링하고 팀 내 문제 해결에 적극적으로 참여하며, 창의적인 아이디어를 제시하여 프로젝트의 성공에 기여합니다.

시니어 VFX 아티스트 Senior VFX Artist

시니어 VFX 아티스트는 일반적으로 팀장 또는 실장으로서 프로젝트를 이끌며, 복잡한 시각효과 작업을 주도하고 높은 수준의 기술력과 창의성을 발휘합니다. 프로젝트의 주요 장면을 담당하고 전체적인 비주얼 스타일을 확립하며, 팀원들의 작업을 검토하고 조율하는 역할을 수행합니다. 또한, 클라이언트와의 소통을 통해 요구사항을 파악하고 이를 시각적으로 구현하는 데 핵심적인 역할을 합니다. VFX 슈퍼바이저는 프로젝트 초기 단계부터 참여하여 시각효과의 기획 및 설계를 주도하며, 감독, 프로듀서 등과 협력하여 전체적인 비전을 구체화하고 실행 계획을 수립합니다. VFX 슈퍼바이저는 팀을 이끌고 모든 시각효과 작업이 일정과 품질 기준을 충족하도록 관리하며, 촬영 현장에 참여하여 CG 샷과 실제 촬영의 원활한 결합을 위해 감독과 긴밀하게 협력합니다. 또한, 기술적인 문제 해결 및 새로운 기술 도입을 통해 작업 효율성을 극대화하고 최고의 시각효과를 구현합니다.

드라마 최종 종편실에서 마스터링

개발 및 제작을 위한 업무 분장은 어떻게 되죠?

편 개발 및 제작을 위한 업무 분장은 어떻게 되죠?

권 단계별로 구체적인 업무 분담을 설명해 드리겠습니다.

1 기획 및 준비 단계

- 프로듀서Producer: 전체 프로젝트를 관리하며, 예산 편성, 일정 조율, 인력 배치를 담당합니다.
- VFX 슈퍼바이저VFX Supervisor: VFX의 전반적인 비전을 설계하고, 감독과 협의하여 주요 시각효과 장면을 계획합니다. 기술적인 요구사항을 정의하고 팀을 조직합니다.
- 스토리보드 아티스트Storyboard Artist: 드라마의 주요 장면을 시각적으로 표현하고, VFX가 필요한 부분을 명확히 합니다.

2 프리프로덕션 단계

- 콘셉트 아티스트Concept Artist: 회의를 통해 도출된 콘티, 대본, 지문 등을 바탕으로 캐릭터, 배경, 특수효과의 스타일과 느낌을 제안합니다. 최근에는 프리비주얼 작업

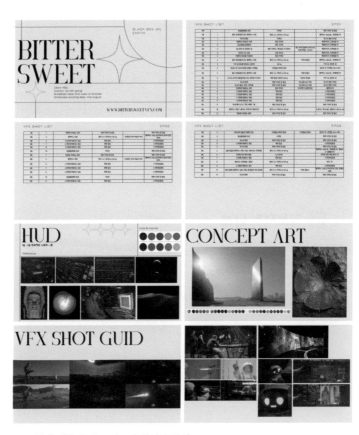

VFX 샷에 대한 콘셉트 아트와 촬영 솔루션

이 증가하면서 촬영 전 시각적인 가이드를 제공하여
효율적인 제작을 지원합니다.

• 리서치 및 개발팀R&D Team: 새로운 기술이나 소프트웨
어를 개발하고, 기존 기술을 개선하여 프로젝트에 적
용할 방법을 모색합니다. 특히, 시뮬레이션이나 난이
도가 높은 특수효과를 구현하기 위한 기술 개발에 집
중합니다.

3 프로덕션 단계

• 모델러Modeler: 3D 모델링 프로그램을 활용하여 캐릭터,
배경, 소품 등을 3차원 디지털 모델로 제작합니다.

• 텍스처 아티스트Texture Artist: 3D 모델에 다양한 재질과
색상을 입혀 현실감 있는 표면을 구현합니다.

• 리거Rigger: 3D 모델에 뼈대와 관절을 설정하여 애니메
이션이 가능하도록 준비합니다.

• 애니메이터Animator: 캐릭터와 객체에 생동감을 불어넣
어 움직임을 제작합니다.

• 시뮬레이션 아티스트Simulation Artist: 물, 불, 연기 등 자연
현상을 사실적으로 표현하기 위해 물리 기반 시뮬레이
션을 생성합니다.

- 라이팅 아티스트Lighting Artist: 장면에 조명을 설정하여 분위기를 연출하고, 사실적인 그림자와 반사를 구현하여 현실감을 더합니다.
- 합성 아티스트Compositor: 실제 촬영한 영상과 CG 요소를 자연스럽게 결합하여 최종 이미지를 완성합니다.
- 모션 아티스트MotionGraphics Artist: 텍스트, 로고, 인포그래픽 등 그래픽 요소에 움직임을 부여하여 화면에 생동감을 더합니다.

4 관리 및 지원

- 프로젝트 매니저Project Manager: 모든 부서의 작업을 조율하고, 프로젝트 일정을 관리하며, 진행 상황을 보고합니다. 팀원들 간의 원활한 소통을 이끌어내고, 외부 협력 업체와의 커뮤니케이션을 담당하여 프로젝트가 성공적으로 완료될 수 있도록 지원합니다.
- 기술 지원팀Technical Support Team: 프로젝트에 사용되는 소프트웨어 및 하드웨어 관련 문제를 해결하고, 기술적인 지원을 제공합니다.

<지배종> 후반 스케줄_UHD HDR

* 주 1회 방영/ 방영 97일 전 납품 기준.
* IMF 패키징 추출 3시간(2TB), 프로레스4444 파일추출 2시간 이내 (기본용량 기준, 1시간기준 HDR 600GB)
* 수정마스터 지연, IMF패키징은 뱃별로, 프로레스4444는 첫 하나만 바깥도, 전체 다시 추출.
* QC는 1차납품 3일, 2일에 한번씩 레포트 나오는 과정. 대응도 2일에 한번씩 해야함.
* QC 1편당 3주 정도 소요

<지배종> 후반 스케줄_UHD HDR

숙련되기까지 얼마나 걸려요?

편 숙련되기까지 얼마나 걸려요?

권 숙련되는데 걸리는 시간은 개인의 학습 능력과 노력에 따라 크게 달라집니다. 일반적으로 한 장면을 완성하며, 효율적인 방법으로 높은 퀄리티를 빠르게 만들어낼 수 있을 때 숙련되었다고 볼 수 있습니다. 하지만 VFX 분야는 기술 발전이 빠르고 미디어 환경이 끊임없이 변화하기 때문에, 꾸준한 학습이 필수적입니다. 사용하는 프로그램은 비슷하지만, 숙련도에 따라 결과물의 퀄리티가 천차만별로 달라지죠. 기술적으로 난도가 높은 장면을 마주했을 때, 숙련된 전문가는 다양한 기술을 융합하여 효율적으로 문제를 해결하고 높은 퀄리티의 결과물을 만들어낼 수 있습니다. 반면, 경험이 부족한 사람은 어려움을 겪을 수 있습니다. 즉, VFX 숙련도는 단순히 프로그램 사용법을 익히는 것을 넘어, 다양한 기술을 융합하고 문제 해결 능력을 키우는 과정이라고 할 수 있습니다. 꾸준한 노력과 학습이 필요하죠.

근무 시간과 근무 여건이 궁금합니다.

편 근무 시간과 근무 여건이 궁금합니다.

권 국내 VFX 업계의 근무 시간과 근무 여건은 프로젝트의 성격, 회사의 정책, 그리고 작업 환경에 따라 다소 차이가 있습니다. 저희 회사를 예로 들어 VFX 업계에서 일반적으로 경험할 수 있는 근무 환경에 대해 설명해 드리겠습니다.

근무 시간

• 일반 근무 시간

일반적인 근무 시간은 주 5일, 하루 여덟 시간입니다. 보통 오전 10시부터 오후 7시까지 근무하며, 회사마다 약간의 차이가 있을 수 있습니다.

• 프로젝트 마감 기간

프로젝트 마감이 임박하거나 중요한 목표를 달성해야 할 때는 근무 시간이 유동적일 수 있습니다. 잦은 야근과 주말 근무가 발생할 수 있으며, 하루 열 시간 이상, 주 6일 근무를 하는 경우도 있습니다.

• 52시간 근무제

최근에는 52시간 근무제가 도입되어 주 52시간을 초과하는 근무가 제한되었습니다. 이에 따라 주말이나 연휴에 휴식을 취할 수 있는 시간이 늘어나고, 과도한 업무로 인한 피로를 줄일 수 있도록 노력하고 있습니다.

근무 여건

• 작업 환경

VFX 스튜디오는 최신 컴퓨터와 소프트웨어를 갖춘 쾌적한 작업 환경을 제공합니다. 개인 작업 공간과 팀 협업을 위한 공간이 마련되어 있어 효율적인 작업이 가능합니다.

• 복지 및 혜택

VFX 업계는 직원들의 복지와 워라밸을 중요시하며, 건강보험, 연차 휴가, 유연 근무제 등 다양한 복지 제도를 제공합니다. 일부 회사에서는 간식, 음료 제공, 체력 단련 시설 운영 등을 통해 직원들의 만족도를 높이고 있습니다.

• 교육 및 발전 기회

직원들의 성장을 지원하기 위해 다양한 교육 프로그램이
운영됩니다. 내부 교육, 외부 강의, 워크숍 참여 등을 통
해 최신 기술 트렌드를 학습하고 전문성을 키울 수 있습
니다.

• 프로젝트 성격

VFX 작업은 프로젝트 단위로 진행되기 때문에, 프로젝트
의 종류에 따라 근무 환경이 달라질 수 있습니다. 영화,
드라마, 광고 등 다양한 프로젝트에 참여하며, 각 프로젝
트마다 요구되는 기술과 작업 방식이 다르기 때문입니
다.

휴가나 복지제도는 어떤가요?

편 휴가나 복지제도는 어떤가요?

권 저희 회사는 연차, 병가, 출산휴가, 공휴일, 대체휴무 외에도 프로젝트 종료 후 3~5일간의 셧다운 기간을 운영하여 직원들이 충분히 휴식을 취할 수 있도록 지원하고 있습니다. 연차 사용 시에는 업무에 지장이 없도록 스케줄을 조정하여 사용할 수 있습니다. 복지 제도로는 4대 보험은 물론, 식사 및 간식 제공, 유연 근무제, 교육 지원, 문화 활동 지원 등 다양한 제도를 운용하고 있습니다. 특히, 연말에는 팀 단위로 여행을 지원하여 직원들의 사기를 높이고 있습니다.

정년과 노후 대책은 어떻게 되나요?

편 정년과 노후 대책은 어떻게 되나요?

권 VFX 분야는 기술 변화가 빠르고 프로젝트 기반 업무 특성상, 일반적인 직종과는 다른 경로를 걸을 수 있습니다.

정년

법적으로는 대부분의 직종과 마찬가지로 정년이 60세로 설정되어 있지만, VFX 업계에서는 60세까지 정규직으로 근무하는 경우가 드뭅니다. 많은 시각효과전문가들은 경력의 중반이나 후반부에 프리랜서로 전환하는 경우가 많습니다. 이는 정규직의 안정성을 포기하는 대신, 유연한 근무 환경을 얻을 수 있기 때문입니다. 경력이 쌓일수록 프로젝트 단위로 계약하는 프리랜서로 전환하는 경우가 일반적입니다. 프리랜서는 일정이 유연하지만, 프로젝트가 없을 때 수입이 불안정할 수 있다는 단점이 있습니다. 따라서 프리랜서로 일하는 동안에는 개인적으로 저축과 투자를 통해 노후를 준비하는 것이 중요합니다. 또한, 끊임없이 새로운 소프트웨어와 트렌드를 학습하고, 관련 워크숍이나 세미나에 참여하여 경쟁력을 유지하는 것이 좋습니다.

일반적인 4대 보험 회사에 다니면 국민연금, 퇴직연금을 통해 자금을 마련할 수 있을 것 같아요.

- 교육 및 멘토링: 경력이 쌓이면 대학, 학원, 온라인 플랫폼 등에서 강사로 활동할 수 있습니다. 이를 통해 안정적인 수입과 함께 후배 양성에 기여할 수 있습니다.
- 컨설팅: 풍부한 경험을 바탕으로 VFX 컨설턴트로 활동할 수 있습니다. 다양한 프로젝트에 자문을 제공하여 수익을 창출할 수 있습니다.

현실적인 준비

- 비용 절감: 수입이 일정하지 않을 때를 대비해 생활비 절감을 위한 계획을 세우는 것이 중요합니다.
- 건강 관리: 장시간 작업으로 인한 건강 문제를 예방하기 위해 꾸준한 운동과 정기적인 건강검진이 필수입니다.

VFX 업계에서 정년과 노후 대책을 준비하는 것은 도전일 수 있지만, 다양한 경력 경로와 지속적인 학습, 저축 및 투자를 통해 안정적인 노후를 준비할 수 있습니다. 프리랜서로 전환하는 경우 유연한 근무 조건을 활용하면서도 꾸준한 수입원을 마련하고, 건강과 재정을 철저히 관리하는 것이 중요하다고 생각합니다.

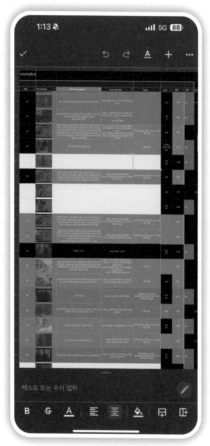

드라마 <수사반장> 플레이트 정리표

이 직업은 앞으로 사회에서 어떤 의미가 있을까요?

편 이 직업은 앞으로 우리 사회에서 어떤 의미가 있을까요?

권 시각효과전문가는 앞으로 우리 사회에서 디지털 콘텐츠 산업의 발전, 기술 혁신, 교육의 질 향상, 산업 경쟁력 강화, 그리고 문화 교류 확대에 있어 핵심적인 역할을 담당할 것입니다. 예를 들어, 교육 분야에서는 과학적 개념을 시각적으로 설명하거나 역사적 사건을 생생하게 재현하는 데 VFX 기술이 활용될 수 있습니다. 또한, 언어 장벽을 넘어 시각적인 소통을 가능하게 하여 문화 교류를 촉진하는 데에도 기여할 것입니다. VFX 전문가들은 우리의 시각 경험을 풍부하게 하고, 새로운 가능성을 열어주는 중요한 직업군으로 자리 잡을 것입니다.

인공지능의 발달은 어떤 변화를 가져올까요?

편 인공지능의 발달은 이 직업에 어떤 변화를 가져올까요?

권 인공지능의 발달은 VFX 분야에 혁신적인 변화를 가져오고 있으며, 앞으로도 그 영향력이 더욱 확대될 것입니다. AI는 VFX 제작 과정의 효율성을 높이고, 더욱 창의적이고 사실적인 결과물을 만들어내는데 기여하고 있습니다. 이는 기술적인 측면뿐만 아니라, 작업 방식, 직무의 성격, 그리고 요구되는 역량까지도 변화시키고 있습니다.

첫 번째로, 작업 속도의 향상이 가장 눈에 띄는 변화 중 하나입니다. VFX 작업은 전통적으로 시간과 노력이 많이 소요되는 작업이었지만, AI의 도입으로 작업 효율성이 크게 향상되었습니다. 복잡한 장면이나 캐릭터를 만드는데 소요되는 시간이 대폭 단축되었는데, 그 대표적인 예로 AI 기반의 자동 애니메이션 생성 기술을 들 수 있습니다. 과거에는 수작업으로 캐릭터의 움직임을 일일이 만들어야 했지만, 이제는 AI가 데이터를 기반으로 자연스러운 움직임을 자동 생성해냄으로써 작업 시간을 획기적으로 단축시키고 있습니다.

또한, 딥러닝 기반의 이미지 처리 기술도 VFX 제작에서 큰 역할을 하고 있습니다. 예를 들어, AI를 통해 디노이징, 업스케

일링, 자동 색 보정 등의 작업을 자동화할 수 있습니다. 이러한 작업들은 전통적으로 많은 시간과 노력이 소요되었지만, AI를 활용하여 빠르고 효율적으로 처리함으로써 아티스트들은 더욱 창의적인 작업에 집중할 수 있게 되었습니다. 결과적으로, 작업 효율성이 크게 향상되고, 더 많은 장면을 단기간에 처리할 수 있게 되었습니다.

두 번째로, AI는 창의적인 작업 과정에도 긍정적인 변화를 가져오고 있습니다. 기존의 VFX 작업은 반복적인 기술 작업에 많은 시간을 할애해야 했지만, AI는 이러한 작업들을 자동화하여 아티스트들이 창의적인 영역에 집중할 수 있도록 지원합니다. 예를 들어, AI 기반 자동 합성 기술은 다양한 영상 소스를 자동으로 결합하여 자연스러운 결과물을 만들어냅니다. 이를 통해 아티스트들은 기본적인 기술 작업에서 벗어나, 창의적인 연출과 세부적인 부분에 더욱 집중할 수 있게 되었습니다.

머신러닝 기술을 활용한 캐릭터 디자인 또한 주목할 만합니다. AI는 방대한 이미지 데이터를 학습하여 특정 스타일이나 캐릭터 디자인을 자동으로 생성해낼 수 있습니다. 이는 다양한 스타일의 캐릭터 디자인 초안을 빠르게 제시하여 디자이너의 아이디어 발상을 돕고, 디자인 과정을 효율적으로 만들어 줍니다. 디자이너는 AI가 생성한 다양한 디자인을 바탕으로 자신만의 스타일을 가미하거나, 이를 발전시켜 최종 작품을 완성할 수 있습니다. 결과적으로, AI는 VFX 아티스트의 창의적인 사고를 돕고, 더 다양한 가능성을 탐구할 수 있는 도구로 사용될 수 있습니다.

세 번째로, AI는 리얼타임 VFX 구현에 있어 중요한 역할을 담당하고 있습니다. 영화는 물론 게임, 가상현실, 증강현실 등 다양한 분야에서 리얼타임 VFX의 중요성이 날로 커지고 있습니다. AI는 실시간 렌더링 작업을 더욱 빠르고 효율적으로 처리하여 사실적이고 몰입감 넘치는 시각 경험을 제공합니다. 예를 들어, AI 기반의 실시간 물리 시뮬레이션이나 애니메이션 기술은 더욱 생생하고 현실적인 가상 환경을 구현하는데 기여합니다. 특히 게임과 같은 인터랙티브 미디어에서는 필수적이며, 앞으로도 그 중요성이 더욱 커질 것입니다.

네 번째로, AI는 디지털 휴먼 분야에서 혁신을 이끌고 있습니다. AI는 실제 사람과 흡사한 디지털 캐릭터를 생성하고, 이들의 움직임과 표정을 자연스럽게 구현하는 데 핵심적인 역할을 합니다. 예를 들어, AI는 사람의 얼굴 움직임을 학습하여 디지털 캐릭터가 다양한 감정을 표현하는 것을 가능하게 합니다. 이는 영화, 광고, 게임 등에서 실제 배우를 대체하거나 보완하는 디지털 휴먼을 제작하는 데 필수적인 기술입니다. AI

기반 기술의 발전으로 디지털 휴먼은 더욱 사실적이고 생동감 넘치는 모습으로 구현될 수 있으며, 앞으로 그 활용 범위는 더욱 확대될 것으로 예상됩니다.

다섯 번째로, AI는 가상 프로덕션 분야에서도 중요한 역할을 하고 있습니다. 가상 프로덕션은 실제 촬영과 디지털 기술을 결합하여 실시간으로 가상 환경을 구현하는 새로운 제작 방식입니다. 이는 영화, 드라마 등 다양한 콘텐츠 제작에 활용되며, 특히 코로나19 팬데믹 이후 비대면 촬영이 증가하면서 그 중요성이 더욱 커졌습니다. AI는 가상 프로덕션에서 배경, 캐릭터 애니메이션 등을 실시간으로 생성하고 합성하는 작업을 자동화하여 제작 시간과 비용을 절감하고, 제작 효율성을 높이는데 기여합니다.

AI의 발전은 VFX 분야에 긍정적인 변화를 가져왔지만, 동시에 일부 직무에 대한 위협으로 작용하고 있습니다. AI가 자동화할 수 있는 작업 영역이 확장되면서, 단순하고 반복적인 작업을 주로 담당하던 일자리가 사라질 가능성이 높아졌습니다. 예를 들어, 수작업으로 진행되던 합성 작업이나 캐릭터 애니메이션의 초기 단계는 AI 기술로 대체될 수 있습니다. 이에 따라 VFX 아티스트들은 단순 기술 습득에 머무르지 않고, AI와 협력하여 창의적인 역량을 강화하고 고부가가치를 창출하는 방향으로 나아가야 합니다. 즉, AI를 도구로 활용하여 자신만의 강점을 극대화하고, 새로운 가치를 창출하는 데 집중해야 할 것입니다.

AI의 발전은 VFX 분야에 혁신적인 도구로 자리매김하며, 제작 속도와 효율성을 높이고 더욱 창의적이고 사실적인 결과물을 만들어내는데 크게 기여하고 있습니다. 이는 작업 방식과 직업의 성격에도 변화를 가져오며, 특히 자동화와 창의성의 균형을 맞추는 것이 앞으로의 핵심 과제가 될 것입니다. VFX 아티스트들은 AI를 활용하여 자신만의 창의성과 기술력을 더욱 발전시켜 나가야 하며, 새로운 기술에 대한 유연한 적응력을 갖추는 것이 필수적입니다. AI와 함께하는 미래의 VFX 분야는 더 빠르고 혁신적인 결과물을 만들어낼 수 있는 무한한 가능성을 열어놓을 것입니다.

시각효과전문가
권다영 스토리

학창 시절은 어떻게 보냈나요?

저는 학창 시절을 PD라는 꿈을 향해 나아가는 시간으로 보냈습니다. 초등학교 5학년 때부터 PD라는 목표를 세우고, 학교 방송반 활동을 통해 방송 제작에 대한 흥미를 키웠습니다. 특히 파쿠르를 시작하면서 영상 촬영과 VFX에 대한 열정이 더욱 커졌습니다. 친구들과 함께 단편 영화를 제작하고 유튜브

상상 너머의 상상을 보여주는
시각효과전문가

155

에 영상을 올리면서, 더욱 전문적인 영상 제작에 대한 욕심이 생겼죠. 울산에서는 미디어 관련 활동이 부족하여 서울의 파쿠르 모임에 참여했고, 바이럴 광고, 유튜브 영상 제작, CG 작업 등 다양한 경험을 쌓았습니다. 대학교 방송 캠프에 참여하며 꿈을 구체화하고, PD라는 목표를 향해 한 걸음 더 나아갈 수 있었습니다.

좋아했던 과목이나 취미는 무엇이었나요?

저는 미술을 가장 좋아했습니다. 미술 학원을 다니진 않았지만, 다른 사람들이 만든 그림을 보는 것만으로도 큰 즐거움을 느꼈어요. 특히 학교 미술 시간에 친구들이 완성한 그림들을 보면서 많은 영감을 얻었죠. 예전에는 영화 포스터와 피규어를 모으는 취미가 있었는데, 결혼 후에는 여행을 즐기게 되었습니다. 여행 계획을 세우고 새로운 곳을 탐험하는 과정 자체가 저에게 큰 기쁨이었어요. 여행을 통해 다양한 경험을 하고, 새로운 아이디어를 얻으면서 창의적인 영감을 많이 얻었습니다. 다양한 문화와 풍경을 접하면서 얻은 영감은 제 VFX 작업에 큰 영향을 미쳤습니다. 단순히 즐거운 경험을 넘어, 여행은 저에게 창의적인 활동의 원동력이 되었죠. VFX 작업을 할 때마다 여행지에서 느꼈던 감정과 풍경이 자연스럽게 떠올라 더욱 깊이 있고 풍부한 이야기를 만들어낼 수 있었습니다.

시각효과전문가가 된 과정이 궁금합니다.

어릴 적 학교 방송반 활동을 하면서 영상 제작에 대한 흥미를 처음 느꼈습니다. 방송반 활동을 하면서 영상의 매력에 푹 빠졌고, 자연스럽게 미디어 분야에 관심을 갖게 되었습니다. 이후 파쿠르를 시작하면서 한국파쿠르협회 미디어팀장을 맡게 되었고, 파쿠르의 역동적인 동작을 영상으로 담아내는 과정에서 VFX에 대한 매력을 느꼈습니다. 특히 파쿠르 영상에 다양한 효과를 추가하는 작업은 저에게 새로운 도전이자 큰 즐거움이었습니다.

방송캠프와 영화제에 참여하면서 PD라는 꿈을 점차 구체화해 나갔습니다. 그러던 중, 파쿠르 동아리 지인의 소개로 웹드라마 제작 현장에서 데이터 매니저 아르바이트를 하게 되었죠. 드라마 제작 과정에 직접 참여하면서 다양한 사람들을 만나고, 드라마 제작에 대한 이해를 넓힐 수 있었습니다. 이 경험은 제가 드라마 제작에 더욱 깊이 몰입하게 만들었고, 앞으로의 진로에 대한 확신을 심어주었습니다.

대학에 진학하여 포트폴리오를 꾸준히 채워나가면서, 독립영화 제작에 참여하며 VFX 슈퍼바이저라는 꿈을 더욱 확고히 했습니다. 대학 재학 중에는 광고, 뮤직비디오, 웹드라마 등 다양한 영상 프로젝트에서 VFX 작업을 수행하며 경험을 쌓았습니다. 많은 감독님들의 기회를 얻어 메인 VFX 작업을 맡기도 하면서, 현장에서 실무 능력을 키울 수 있었습니다.

스물세 살이라는 젊은 나이에 '스튜디오드래곤'에서 드라마 내부 조연출로 첫발을 내디뎠습니다. 후반 작업을 총괄하며 다양한 경험을 쌓으면서, 드라마 제작에 대한 이해를 넓히고 많은 영감을 얻었습니다. 특히 〈보이스 2〉에서 내부 조연출로 이름을 올렸을 때의 뿌듯함은 말로 표현할 수 없었습니다. 작품의 성공과 함께 배우들과도 친분을 쌓으며, 현장에서 배우와 스태프 간의 깊은 신뢰와 존중, 그리고 드라마 제작의 다양한 세부 과정들을 생생하게 경험했습니다.

학창 시절 꿈꿔왔던 PD의 삶을 드라마 〈프리스트〉에서 경험하며 다양한 업무를 수행했습니다. 하지만 그 과정에서 정말 하고 싶은 일에 대한 고민이 시작되었고, 2020년 '비터스윗'이라는 포스트 프로덕션 회사를 설립하기로 결정했습니다. 처음에는 단편 드라마나 소규모 뮤직비디오 작업을 중심으로 두 명이서 시작했지만, 점차 다양한 프로젝트를 맡게 되면서 회사는 성장했습니다. 특히, 메인 작업을 수행하며 VFX 산업에 대한 이해를 넓히고 전문성을 키울 수 있었습니다.

STUDIO DRAGON

시각효과전문가가 되는 과정 - '스튜디오드래곤' 근무

시각효과 전문가가 되는 과정 - 규현 뮤직비디오

시각효과전문가가 되는 과정 - 지방시 바이럴 광고

Company Profile

회사정보

현사명   (주)비터스윗컴퍼니

대표자   권다영

주소

연락처

홈페이지   www.bittersweet-vfx.com

회사개요

설립일   2010년 3월

홈페이지   www.bittersweet-vfx.com

구성사업   영상업무 (VFX, 광고, 뮤직비디오 등)

직원수   20명

산학협력

한국외대학교 특수영상대학원

한국외대학교 영상편집대학교

명지 대가미디어 컴퓨터미디어학원

현재 '비터스윗' 회사 소개

첫 직장 작업실

처음 프로듀서 작업 마스터

2022년, 회사 규모가 열 명으로 늘어나면서 본격적으로 VFX 슈퍼바이저 업무를 시작했습니다. 이후 회사는 빠르게 성장하여 현재 삼십 명 규모로 확장되었고, 저는 대표직과 VFX 슈퍼바이저를 겸임하며 회사를 이끌고 있습니다. 지난 몇 년간의 과정은 끊임없는 도전과 성장의 연속이었으며, 제 꿈을 향해 나아가기 위한 값진 시간이었습니다.

학교 방송반 활동을 하면서 영상 제작에 대한 흥미를 키워 나가던 중, 파쿠르를 접하게 되면서 자연스럽게 VFX에 눈을 뜨게 되었습니다. 파쿠르의 역동적인 움직임을 영상으로 담아내고 싶다는 열정은 저를 VFX라는 전문 분야로 이끌었고, 쉽지 않은 과정 속에서도 끊임없이 노력하며 꿈을 이룰 수 있었습니다. '비터스윗'을 통해 더 많은 프로젝트에 참여하며 VFX 산업 발전에 기여하고 싶습니다.

이 직업을 선택한 이유는 무엇인가요?

어릴 적부터 제가 만든 영상이 TV에 나오는 꿈을 꾸었습니다. 부모님은 제 꿈을 응원하며 초등학교 졸업 선물로 캠코더와 컴퓨터를 선물해 주셨고, 저는 영상 제작에 빠져들었습니다. 비록 완벽하지 못한 결과물이었지만, 상상을 현실로 만들어가는 과정에서 큰 기쁨을 느꼈습니다. 하나씩 경험을 쌓아가면서 영상이 단순한 취미가 아닌, 제가 평생 하고 싶은 일이라는 것을 깨달았습니다. 마치 조각상이 완성되어 가듯, 저의 꿈도 점차 구체화되었고, 결국 VFX 슈퍼바이저라는 목표를 가지게 되었습니다.

이 직업은 내 인생에서 어떤 의미가 있나요?

저는 현재 하고 있는 일이 미래를 위한 발판이라고 생각합니다. 미디어 산업은 빠르게 변화하고 있고, 직무 또한 세분화되기 때문에 언제든 새로운 기회가 열릴 수 있다고 믿습니다. 여러분께 드리고 싶은 말씀은 꿈은 언제든 바뀔 수 있다는 것입니다. 중요한 것은 다양한 경험을 통해 자신에게 맞는 길을 찾고, 꾸준히 노력하는 것입니다. 저 또한 지금까지 쌓아온 경험을 바탕으로 더 나은 미래를 만들어 나가고 싶습니다. 이 직업은 제 인생에서 중요한 의미를 지니고 있으며, 앞으로도 끊임없이 성장하고 발전해나가도록 노력할 것입니다.

인생의 멘토는 누구인가요?

가장 기억에 남는 사람은 외가 쪽 사촌 형과 아내입니다. 이들은 제 인생에서 가장 중요한 사람들이죠. 특히 사촌 형은 제 롤 모델입니다. 항상 겸손하고 예의 바르며, 제가 잘못된 길로 갈 때마다 올바른 길로 이끌어주는 멘토와 같은 존재입니다. 형의 모습을 보며 자연스럽게 배우게 되었습니다. 어릴 적 울산에서 서울로 이사 와 사촌 형 집에서 지내면서 형에게 많은 영향을 받았습니다. 형은 인생의 선배로서 저에게 다양한 조언을 아끼지 않았고, 그 덕분에 저는 성장할 수 있었습니다. 지금도 사업과 육아를 하면서 형의 지혜를 빌리고 있습니다.

아내는 제가 '스튜디오드래곤'을 퇴사하고 새로운 길을 모색할 때, 저에게 가장 큰 힘이 되어준 사람입니다. 이직과 창업 사이에서 고민하던 저에게 현명한 조언을 해주었고, 그의 지지 덕분에 지금의 제가 있을 수 있었습니다. 힘든 시기에도 늘 곁에서 저를 지지하고 응원해 주는 아내는 저에게 없어서는 안 될 동반자입니다. 그녀는 마치 삶의 폭풍우 속 등대와 같았습니다. 그녀의 지혜로운 조언과 따뜻한 사랑 덕분에, 저는 혼란스러운 시기에 올바른 길을 찾을 수 있었습니다. 그녀는 제 삶의 모든 순간에 함께하며, 제가 가장 기억하는 소중한 사람입니다.

이 두 사람 덕분에 저는 지금의 제가 될 수 있었습니다. 사촌 형은 제게 인생의 방향을 제시해 주었고, 아내는 그 길을 함께 걸으며 저를 지지해 주었습니다. 이들이 없었다면, 지금의 저는 상상할 수 없을 것입니다.

앞으로의 계획은 어떻게 되나요?

저는 목표를 세우면 반드시 이루어내는 성격 덕분에 PD라는 꿈을 이루고, 현재는 회사를 경영하며 제가 하고 싶은 일을 실현하고 있습니다. 앞으로는 VFX 기술을 활용하여 상상력을 마음껏 펼칠 수 있는 혁신적인 숏폼 플랫폼을 개발하고 싶습니다. VFX 기술의 무한한 가능성을 통해 사용자들에게 새로운 경험과 가치를 제공하는 것이 저의 목표입니다. 저는 이 목표를 향해 끊임없이 노력하며, 새로운 도전과 창의적인 아이디어로 가득한 미래를 꿈꾸고 있습니다. VFX 기술은 영화, 광고, 게임 등 다양한 분야에서 무한한 가능성을 보여주고 있으며, 저는 이를 활용하여 사용자들에게 혁신적인 경험과 가치를 제공하고 싶습니다. 항상 최선을 다해 목표를 달성하고, 더 나아가 새로운 목표를 설정하며 성장해 나갈 것입니다.

이 책을 마치며

편 긴 시간 인터뷰에 응해주셔서 진심으로 감사드립니다. 시각효과전문가이신 권다영 대표님께서 청소년들에게 전하고 싶은 메시지가 있다면 한 말씀 부탁드립니다.

권 인생은 짧고 세상은 넓으며, 상상력은 무한합니다. 이 말처럼, 우리는 무한한 가능성 속에서 살아가고 있습니다. 무언가에 대한 확신이 생겼다면, 주저하지 말고 실행에 옮겨보세요. 단순히 계획만 세우고 고민만 한다면 아무것도 이룰 수 없습니다. 꿈을 현실로 만들고 싶다면, 지금 당장 행동해야 합니다. 생각을 행동으로 옮기는 순간, 진정한 변화가 시작될 것입니다.

나이와 시기는 중요하지 않습니다. 중요한 것은 자신감과 도전 정신입니다. 많은 사람들이 꿈을 이루기 위해서는 완벽한 준비와 적절한 시기가 필요하다고 생각하지만, 사실 가장 중요한 것은 자신이 해낼 수 있다는 확신과 끊임없이 도전하는 마음입니다. 비록 나이가 어리거나 경험이 부족하더라도, 자신감과 끈기를 가지고 꾸준히 노력한다면 충분히 목표를 이룰 수 있습니다. 자신을 믿고 한 걸음씩 나아가다 보면, 언젠가는 반드시 목표에 도달할 수 있을 것입니다.

저도 중학교 1학년 때 이 일을 시작했어요. 당시에는 경험도 부족하고 모든 것이 서툴렀지만, 뜨거운 열정과 넘치는 호

기심 하나만으로 도전을 시작했습니다. 한 발 한 발 꿈을 향해 나아간 결과, 지금은 제가 가장 좋아하는 일을 하고 있죠. 여러분도 마찬가지입니다. 나이와 환경에 얽매이지 말고, 자신을 믿고 용기 있게 도전해 보세요. 첫걸음을 내딛는 순간, 여러분의 삶이 얼마나 달라질지 상상도 못할 겁니다.

꿈을 이루는 과정은 마치 한 편의 여행과 같습니다. 목표를 향해 나아가는 길 위에서 여러분은 다양한 경험과 도전에 직면하게 될 것입니다. 시행착오를 겪고 길을 잃을 때도 있겠지만, 이 모든 과정이 곧 목표에 다가서는 발판이 됩니다. 포기하지 않고 한 걸음씩 나아가다 보면, 여러분의 꿈은 더욱 선명해지고 목표는 점점 가까워질 것입니다.

여러분의 꿈을 향한 여정을 항상 응원합니다. 목표를 향해 나아가는 여러분의 용기와 노력은 꿈을 현실로 만들 열쇠가 될 것입니다. 인생은 짧고, 세상은 넓으며, 상상력은 무한합니다. 계획을 세우는 것도 중요하지만, 더 중요한 것은 실행입니다. 나이와 상관없이 스스로를 믿고 도전하세요. 여러분 안에는 꿈을 현실로 만들 힘이 있습니다.

편 대표님과 처음 통화했을 때 목소리와 말투가 너무 따뜻하셔서 놀랐습니다. 일이 워낙 섬세하고 디테일을 요구해서 더

딱딱하신 분일 거라고 생각했어요.

㈜ 그렇게 생각해 주셔서 감사합니다. 저뿐만 아니라, 이쪽 일을 하시는 분들은 대부분 따뜻하고 편안한 분위기를 만들어 주시는 것 같아요. 저희 직업은 아무리 세밀하고 기술적인 작업이라도, 원활한 소통과 협력 없이는 좋은 결과를 얻기 어렵기 때문에 소통이 무엇보다 중요하다고 생각합니다. 서로의 의견을 존중하고 이해하며 소통하는 것이야말로 최상의 결과를 만들어내는 지름길이라고 생각합니다.

㉠ 어린 시절부터 이 직업을 결심하고 노력하셨다는 이야기, 정말 인상적입니다. 일찍 꿈을 정하고 노력하신 대표님의 모습이 많은 청소년들에게 귀감이 될 것 같습니다.

㈜ 감사합니다. 하지만 일찍 진로를 정했다고 해서 모든 것이 순탄했던 것은 아니에요. 다른 대표님들에 비해 어린 편이지만, 저 역시 많은 시행착오를 겪으며 진로에 대해 고민했던 시간이 많았습니다. 중요한 것은 자신이 좋아하는 일을 찾고, 그에 맞는 경험을 쌓아가는 과정이라고 생각해요. 모든 사람이 빨리 진로를 정해야 하는 것은 아니며, 다양한 경험을 통해 자신에게 맞는 길을 찾는 것이 더 중요하다고 생각합니다. 청소년 여러분도 자신만의 속도로 세상을 탐색하고 다양한 도전을

해나가길 응원합니다.

편 대표님처럼 좋아하는 일을 직업으로 가진 사람들은 세상을 바라보는 시선이 따뜻하고 긍정적인 것 같아요. 그 이유는 무엇인가요?

권 저도 그렇게 생각해요. 좋아하는 일을 직업으로 삼으면 그 과정 자체에서 즐거움과 보람을 느끼기 때문에, 자연스럽게 세상을 바라보는 시선이 따뜻해지는 것 같아요. 일을 단순한 생계 수단으로 여기기보다는 내 열정을 담아 의미 있는 무언가를 만들어낸다는 점에서 긍정적인 에너지를 얻는 거죠. 그리고 미래에 대한 전망도 자신의 꿈을 실현하는 과정이라 생각되니까, 힘들어도 계속 도전하고 싶은 마음이 생깁니다. 결국, 좋아하는 일을 할 때는 행복을 기반으로 세상을 보는 것 같아요.

편 이 책은 진로를 고민하는 청소년과 어른들이 읽을 텐데요, 각자 혼란스러워하는 지금, 어떤 시간을 보내기를 바라시나요?

권 진로를 고민하는 시기는 누구에게나 혼란스러울 수 있지만, 그 시간을 두려워하지 않았으면 좋겠어요. 오히려 이 시기는 스스로를 탐색하고 성장할 수 있는 중요한 기회라고 생각합니다. 많은 사람들에게 조언을 구하고, 다양한 경험을 통해 자신이 무엇을 좋아하고 어떤 일에 열정을 느끼는지 알아가는 과정이 필요합니다. 하지만, 그 선택은 결국 본인이 내리는 것이라는 점을 명심해야 해요. 다른 사람의 의견을 참고하는 것은 좋지만, 최종적으로 자신의 길을 결정하는 건 본인이라는 것을 잊지 마세요.

그리고 꿈이 바뀌는 것에 대해 너무 부담을 느낄 필요는 없어요. 처음에 가졌던 꿈에서 다른 꿈을 택하는 것도 충분히 괜찮습니다. 중요한 것은 그 선택에 대해 후회하지 않는 것입니다. 제가 개인적으로 후회하는 것 중 하나는, 젊을 때 남들이 공부하거나 새로운 경험을 쌓을 때 제가 하고 싶은 일만 집중했다는 점입니다. 그 결과, 선택의 폭이 확고하게 좁아졌죠. 그래서 여러분에게는, 기회가 된다면 국내외를 많이 다니면서 세상을 경험해 보라고 조언하고 싶습니다. 다양한 경험은 세상을 보는 시야를 넓혀주고, 더 많은 선택지를 제공해 줄 수 있습니다. 특히 여러분은 아직 어리니까, 다양한 기회를 시도해 볼 수 있는 시간이 충분히 있습니다.

저도 지금 서른 살이지만, 여전히 제 꿈을 향해 달리고 있고, 동시에 그 꿈을 활용해서 새로운 꿈을 모색하고 있습니다. 인생에서 꿈은 한 가지로 끝나지 않아요. 새로운 목표를 설정하고 그것을 향해 나아가는 과정 속에서 더 많은 가능성을 발견할 수 있죠. 중요한 것은 자만하지 않고, 항상 겸손하게 행동하는 자세입니다. 겸손함은 끊임없이 배우려는 자세를 유지하게 하고, 더 많은 기회를 열어줍니다.

진로에 대해 고민하는 청소년과 어른 모두, 완벽한 답을 찾으려 애쓰기보다는 작은 시도와 도전을 통해 자신만의 길을 개척해 나가는 과정을 즐기면 좋겠습니다. 때로는 실패를 경험하고, 많은 고민에 부딪힐 수도 있지만, 이 모든 경험들은 여러분의 삶을 풍요롭게 만들 소중한 자산이 될 것입니다.

편 잡프러포즈 『시각효과전문가』 편을 마무리하며, 화면 속 상상 그 너머의 무한한 세계를 인간의 기술과 창의성으로 구현해낸다는 사실이 참으로 놀랍습니다. 직업은 단순히 생계 수단을 넘어, 우리를 더욱 성장시키는 무한한 가능성을 제공하는 것 같습니다. 긴 시간 함께해 주신 여러분 감사합니다. 이 세상의 모든 직업이 여러분을 향해 문을 활짝 열 수 있도록 잡프러포즈 시리즈는 부지런히 달려갑니다. 다음 편에서 뵙겠습니다! 감사합니다.

나도
시각효과전문가

시각효과가 많이 사용된 영화 (예: <아바타>, <인셉션> 등) 다양한 영화를 참고하여, 어떤 VFX 기술이 사용되었는지 분석하여 보고서를 작성해 보세요.

시각효과 관련 용어 사전을 만들고, 각 용어의 정의와 사용 예시를 작성해 보세요.

완결된 웹툰 한 편을 선정하여 분석하고, CG를 활용하면 더욱 효과적으로 표현할 수 있는 장면을 자세히 설명해 주세요.

1~5분 정도의 단편 쇼츠 영상 시나리오 쓰기

(VFX 기술도 중요하지만, 영상의 이해가 가장 우선입니다.)

상상 너머의 상상을 보여주는
시각효과전문가

몇 가지 장면을 제시해 드립니다. 주제를 선정하여 자유롭게
스토리보드를 제작해 보세요.

1. 초능력 배틀

장면   도심 한복판, 한 남자가 두려움에 떨며 쓰러져 있다. 그의 앞에
는 악당이 손끝에서 번개를 발사하며 다가오고 있다. 그 순간, 주인공은
눈을 감고 마음을 가다듬는다. 그의 손에서 밝은 빛이 뿜어져 나오고, 그
의 몸이 공중으로 서서히 떠오른다. 주인공의 손끝에서 불꽃이 타오르
며, 번개와 맞부딪힌다. 빛과 번개가 충돌하면서 거대한 폭발이 일어난
다. 모든 것이 잠시 멈춘 듯한 순간, 주인공은 전신이 빛으로 감싸여 초
인적인 힘을 발휘한다.

VFX 요소   번개, 불꽃, 공중 부양, 폭발 효과

2. 미래 도시

장면 2150년, 주인공은 공중에 떠 있는 모노레일을 타고 있다. 창 밖으로 보이는 도시의 전경은 공중에 떠 있는 빌딩들, 하늘을 나는 자동차들, 그리고 거대한 홀로그램 광고판으로 가득 차 있다. 주인공이 목적지에 도착하자, 스마트폰 홀로그램이 자동으로 길을 안내한다. 그는 드론 택시를 타고 하늘을 날아간다. 도시 아래로는 네온 불빛이 가득한 거리와 사람들로 붐비는 번화가가 보인다.

VFX 요소 공중에 떠 있는 건물, 하늘을 나는 자동차, 홀로그램 광고판, 드론 택시

3. 시간 여행

장면   주인공이 오래된 시계를 만지자, 주변이 갑자기 어두워진다. 시계의 초침이 빠르게 돌아가기 시작하고, 주변의 건물들이 서서히 변해 간다. 바닥이 흔들리고, 주인공은 시간의 소용돌이에 휩싸인다. 그는 눈을 뜨자마자 자신이 중세 시대의 성벽 앞에 서 있음을 깨닫는다. 주변에선 기사들이 말을 타고 달리고 있고, 갑옷을 입은 병사들이 활을 겨누고 있다. 주인공은 현대의 복장을 한 채, 중세 시대에 서 있다.

VFX 요소   시간 왜곡, 시계 초침, 건물의 변화, 소용돌이 효과

4. 자연재해

장면　바다 근처의 도시는 평화로워 보였지만, 갑자기 지진이 일어나며 바닥이 갈라진다. 도시의 빌딩들이 흔들리고, 바다에서 거대한 파도가 일어 도시로 밀려온다. 사람들은 도망치기 시작하고, 주인공은 파도를 피하기 위해 건물 위로 올라간다. 하지만 파도는 거대하고 빠르다. 물이 도시에 들이닥치면서 모든 것을 덮쳐버리고, 주인공은 건물의 꼭대기에서 파도와 마주한다.

VFX 요소　지진, 땅 갈라짐, 거대한 해일, 파괴되는 빌딩

5. 외계 침공

장면 밤하늘이 갑자기 붉게 물들며 거대한 우주선이 나타난다. 도시의 빌딩들이 우주선의 그림자 아래에 가려지고, 공중에 떠 있는 외계 생명체들이 레이저를 발사하며 도시를 파괴한다. 주인공은 혼란 속에서 살아남기 위해 지하철역으로 달려가고, 그 과정에서 외계 생명체와 맞닥뜨린다. 그는 레이저 공격을 피하며 건물 사이로 뛰어다닌다. 전투기들이 공중에서 외계 우주선과 전투를 벌이고, 하늘에서는 불꽃이 터진다.

VFX 요소 거대한 우주선, 레이저 공격, 폭발, 외계 생명체

6. 몽환적 꿈속 세계

장면　주인공은 꿈속에서 걸어가고 있다. 주위에는 현실에서는 볼 수 없는 거대한 꽃들이 하늘을 향해 피어 있고, 바닥은 구름으로 덮여 있다. 중력의 법칙이 사라진 듯, 물건들이 공중에 떠다니고, 나비들이 빛으로 변해 사라진다. 주인공은 그 속에서 헤매다, 갑자기 하늘에서 물방울이 떨어져 바닥을 채우기 시작한다. 물이 주인공의 발목까지 차오르자, 그 물속에서 거대한 물고기가 유유히 헤엄친다.

VFX 요소　비현실적인 배경, 중력 반전, 빛으로 변하는 물체, 공중에 떠 있는 물건들

7. 슈퍼히어로 변신

장면 평범한 학생이었던 주인공은 위기에 처한 순간, 자신의 숨겨진 힘을 발견한다. 그의 손에서 밝은 빛이 터져 나와 그의 몸을 감싸고, 그의 옷이 서서히 슈퍼히어로의 갑옷으로 변해간다. 그의 눈이 빛나며 공중으로 떠오르고, 주위의 모든 사물이 강력한 에너지로 인해 흔들리기 시작한다. 이제 그는 강력한 힘을 손에 넣고, 악당과 맞서 싸울 준비가 되어 있다.

VFX 요소 의상 변신, 빛나는 에너지, 공중 부양, 주변 사물의 반응

8. 우주 탐사

장면　　주인공은 우주선에 타고, 멀리 보이는 외계 행성을 향해 탐사를 시작한다. 창문 밖으로 보이는 은하수는 반짝이는 별들과 함께 끝없이 펼쳐져 있고, 행성의 표면에는 알 수 없는 구조물들이 보인다. 주인공이 우주선을 타고 행성의 대기권을 뚫고 들어가자, 거대한 폭풍이 일어나며 바람이 우주선을 흔들기 시작한다. 우주선이 착륙하자, 외계 생명체들이 주인공을 지켜보고 있다.

VFX 요소　　우주선, 은하수, 외계 행성, 폭풍, 외계 생명체

9. 괴물과의 전투

장면 주인공이 어두운 숲속에서 거대한 괴물과 마주한다. 괴물은 땅을 짓밟으며 거대한 발자국을 남기고, 나무들이 쓰러져간다. 주인공은 괴물의 공격을 피하면서 숲속을 질주하고, 괴물은 불을 뿜으며 뒤쫓아온다. 그 순간 주인공은 마지막 힘을 다해 괴물에게 반격할 준비를 한다. 거대한 나무를 무기로 삼아 괴물과 마지막 일전을 벌인다.

VFX 요소 거대한 괴물, 불꽃 공격, 쓰러지는 나무, 폭발적인 전투

10. 마법 세계

장면 주인공이 고대 마법사로부터 받은 책을 펼치자, 주변이 서서히 빛으로 물들고, 공중에 떠 있는 마법진이 그려진다. 주인공은 손을 뻗어 마법의 주문을 외우고, 그의 손끝에서 파란 불꽃이 타오르기 시작한다. 그가 마법진을 통해 포탈을 열자, 눈앞에 환상적인 마법 세계가 펼쳐진다. 하늘에는 용들이 날아다니고, 숲속에는 유니콘이 뛰어다닌다.

VFX 요소 마법진, 포탈, 불꽃 마법, 용과 유니콘

청소년들의 진로와 직업 탐색을 위한
잡프러포즈 시리즈 74

상상 너머의 상상을 보여주는 _____
시각효과전문가

2025년 2월 3일 초판1쇄

지은이 | 권다영
펴낸이 | 김민영
펴낸곳 | 토크쇼

편집인 | 김수진
교정 교열 | 박지영
표지디자인 | 이든디자인
본문디자인 | 문지현
마케팅 | 신성종
홍보 | 이예지

출판등록 | 2016년 7월 21일 제 2023-000173호
주소 | 서울시 마포구 월드컵북로98, 2층 202호
전화 | 070-4200-0327
팩스 | 070-7966-9327
전자우편 | myys327@gmail.com
ISBN | 979-11-94260-19-6(43190)
정가 | 15,000원